基于竞争战略视角的
健身产业与管理的理论与实践

郭 聪 著

吉林大学出版社

·长 春·

图书在版编目（CIP）数据

基于竞争战略视角的健身产业与管理的理论与实践 / 郭聪著．－－长春：吉林大学出版社，2024.11.

ISBN 978-7-5768-4056-8

Ⅰ.G812

中国国家版本馆 CIP 数据核字 2024AZ8118 号

书　　名	基于竞争战略视角的健身产业与管理的理论与实践 JIYU JINGZHENG ZHANLÜE SHIJIAO DE JIANSHEN CHANYE YU GUANLI DE LILUN YU SHIJIAN
作　　者	郭　聪
策划编辑	李承章
责任编辑	白　羽
责任校对	李潇潇
装帧设计	贝壳学术
出版发行	吉林大学出版社
社　　址	长春市人民大街 4059 号
邮政编码	130021
发行电话	0431-89580036/58
网　　址	http：//www.jlup.com.cn
电子邮箱	jldxcbs@sina.com
印　　刷	华睿林（天津）印刷有限公司
开　　本	787mm×1092mm　1/16
印　　张	11
字　　数	180 千字
版　　次	2024 年 11 月　第 1 版
印　　次	2024 年 11 月　第 1 次
书　　号	ISBN 978-7-5768-4056-8
定　　价	72.00 元

版权所有　翻印必究

前　言

在全民健身战略推动下，我国健身产业规模迅速扩张，但是随着产业的快速发展，同质化竞争与管理粗放问题逐渐凸显。本书以竞争战略为基本理论框架，全面系统地探讨健身企业的市场定位、运营管理及创新路径，旨在为行业提供兼具理论深度与实践价值的战略指南。本书聚焦差异化竞争、品牌塑造与服务优化，结合国内外案例解析战略实施关键。内容涵盖市场分析、战略制定、运营与管理，既可为高校体育管理教材及行业从业者提供可行性建议，也能为企业突破发展瓶颈提供决策依据。在健康产业融合背景下，本书将推动我国健身产业健康长效发展。

目 录

第一章 理论基础 ... 1
一、竞争战略的定义与背景 ... 1
二、竞争战略的历史发展与演变 ... 2
三、竞争战略的关键理论与方法论 ... 3
四、竞争战略在不同产业中的应用案例 ... 5
五、现代企业在竞争战略中的创新与挑战 ... 5
六、竞争战略的未来发展趋势 ... 6
七、健身产业概述 ... 7
八、竞争战略在健身产业中的应用 ... 14

第二章 健身市场分析与定位 ... 23
一、健身市场环境分析 ... 23
二、消费者需求与行为分析 ... 34
三、市场定位与品牌战略 ... 44

第三章 竞争战略的制定与实施 ... 54
一、成本领先战略 ... 54
二、差异化战略 ... 60
三、集中化战略 ... 66

第四章 健身俱乐部的运营与管理 ... 70
一、健身俱乐部的组织结构与管理模式 ... 70

二、服务质量管理 ·· 76
　　三、客户关系管理 ·· 82
　　四、人力资源管理 ·· 90

第五章　健身俱乐部营销战略与实施 ································ 97
　　一、市场营销的基本理论 ·· 97
　　二、健身俱乐部的营销策略 ······································ 103
　　三、数字营销与社交媒体 ·· 109

第六章　健身模式的科技与创新 ······································ 115
　　一、智能健身设备与科技应用 ···································· 115
　　二、大数据与个性化健身 ·· 119
　　三、虚拟现实与增强现实在健身中的应用 ·························· 123

第七章　案例分析与成功经验 ·· 130
　　一、我国知名健身品牌案例 ······································ 130
　　二、全球领先的健身品牌成功案例 ································ 132
　　三、案例俱乐部的竞争战略与管理实践 ···························· 134
　　四、个人成功健身创业故事 ······································ 135

第八章　健身产业未来发展趋势与挑战 ································ 139
　　一、健身产业的未来趋势 ·· 139
　　二、健身产业的未来挑战 ·· 145
　　三、健身产业面临的挑战 ·· 147
　　四、应对挑战的策略与建议 ······································ 154

参考文献 ·· 160

第一章 理论基础

一、竞争战略的定义与背景

（一）竞争战略的基本定义

竞争战略是企业在特定市场环境中，为了在众多竞争对手中脱颖而出，实现持续竞争优势而采取的计划和行动。它包含企业如何定位自己，如何选择市场，以及如何利用其资源、能力和市场机会来超越竞争对手[1]。竞争战略将行业确定为分析的基本单位，而产品（包含体现服务理念）作为业务的基本单位，其主要包含三部分：①确定当前的业务战略（隐含的或明确的），并定义该战略所假设的行业结构和公司定位；②分析目标行业的实际结构以及公司相对于该行业及其竞争对手的地位；③将战略假设与现实进行比较，评估当前战略的可行替代方案，并选择最能反映行业结构和公司在其中的地位的战略。

竞争战略不仅仅是企业的战术性选择，更是一种系统化的战略规划，旨在通过一系列的决策和行动来实现企业的长期发展目标。制定竞争战略的首要步骤是明确其作用的行业结构，这一结构本质上是由五种基本竞争力相互作用形成的动态平衡系统。具体而言，不同产业中进入壁垒、供应商议价能力、买方议价能力、替代品威胁以及同业竞争强度的相对强弱关系，共同决定了该产业特有的竞争格局与盈利空间。例如，在油轮工业中，最重要的因素是买方石油公司的竞争力，而在钢铁工业中，主要的力量是来自海外的竞争和替代材料的可用性。以上所述的五种基本竞争力所形成的合力对该行业的盈利能力施加了压力。

竞争战略通常围绕以下几个关键问题展开。

如何选择竞争市场：确定企业在哪些市场中竞争，并选择能够发挥企业优势的市场领域。

如何获取竞争优势：识别并利用企业的核心能力，提升产品或服务的独特性，或通过降低成本来获得价格优势。

如何应对市场变化：制定应对市场和行业环境变化的策略，确保企业在动态市场中保持竞争力[2]。

（二）竞争战略的背景与重要性

在现代经济环境中，竞争日益激烈，全球化进程、技术进步、消费者需求的快速变化等因素都使企业面临着前所未有的挑战。企业要在如此复杂的环境中生存并取得成功，必须拥有清晰且有效的竞争战略。竞争战略不仅仅是一种管理工具，更是一种思维模式，帮助企业识别市场机会，规避潜在威胁，并通过创新和差异化手段来实现长期可持续发展[3]。

二、竞争战略的历史发展与演变

（一）早期竞争战略的概念

竞争战略的概念可以追溯到早期的经济学理论。亚当·斯密（Adam Smith）在《国富论》中首次提出了市场竞争的概念，他认为自由竞争能够推动资源的有效配置，促进社会财富的增长。此后，经济学家们进一步发展了竞争理论，特别是通过分析市场结构和企业行为来理解企业如何在市场中获得竞争优势[4]。

（二）现代竞争战略的形成与发展

现代竞争战略的形成与波特（Michael Porter）的贡献密不可分。在20世纪80年代，波特提出了著名的竞争战略理论，包括"波特五力模型"和"三种基本竞争战略"，以上理论极大地影响了企业战略管理的实践[5]。在有关"三种基本竞争战略"的表述中，波特还指出企业必须通过差异化、成本领先或集中化三种基本战略之一来建立竞争优势。

1. 波特五力模型

波特通过分析行业的五种基本力量（供应商的议价能力、买方的议价能力、替代品的威胁、新进入者的威胁、行业内现有竞争者之间的竞争）来评估企业的竞争环境,并为企业制定有效的竞争战略提供依据[6]。

2. 三种基本竞争战略

波特提出了三种基本竞争战略,即成本领先战略、差异化战略和集中化战略[7]。这三种战略为企业提供了不同的路径,以便在竞争激烈的市场中获得优势。

(三) 竞争战略的演变

随着市场环境的不断变化,竞争战略理论也在不断演变。全球化、技术创新和消费者行为的变化使得企业在制定竞争战略时需要考虑更多因素[8]。21世纪以来,创新战略、蓝海战略、平台战略等新概念逐渐兴起,为企业提供了更多的选择和工具。

1. 创新战略

在竞争日益激烈的市场中,创新成为企业获取竞争优势的关键手段。创新战略不仅包括产品和服务的创新,还包括商业模式、管理方法、营销手段等方面的创新[9]。

2. 蓝海战略

蓝海战略由钱·金(W. Chan Kim)和勒妮·莫博涅(Renée Mauborgne)提出,他们主张企业应超越现有市场的竞争(红海市场),通过开创新的市场空间(蓝海市场)来获取竞争优势。这种战略强调创新的力量,通过提供前所未有的产品或服务,创造全新的市场需求。

三、竞争战略的关键理论与方法论

(一) 波特五力模型

波特五力模型是竞争战略中的经典工具,用于分析行业竞争强度和企业的竞争地位[10]。通过分析以下五个方面,企业可以更好地理解其所处的竞争环境。

1. 供应商的议价能力

当供应商数量较少且资源稀缺时,供应商的议价能力较强,企业需要支付更高的成本,这会削弱企业的利润空间。

2. 买方的议价能力

买方的议价能力取决于其在市场中的力量。大客户或有替代选择的客户往往有更强的议价能力，可能会压低价格或要求更高的质量。

3. 替代品的威胁

市场中存在的替代品越多，企业面临的竞争压力就越大。替代品通常能够提供相似的功能或满足相似的需求，可能会导致价格战或利润下降。

4. 新进入者的威胁

行业的进入壁垒决定了新进入者的威胁程度。高进入壁垒（如高额投资、技术壁垒或强大的品牌）能够保护现有企业的市场地位，降低新进入者的威胁。

5. 行业内现有竞争者之间的竞争

市场中现有竞争者的数量、规模和竞争强度决定了市场的竞争态势。竞争越激烈，企业越难以维持较高的利润率[11]。

（二）SWOT 分析

SWOT 分析是战略规划中常用的工具，用于评估企业的内部条件（优势和劣势）以及外部环境（机会和威胁）。通过 SWOT 分析，企业能够识别出哪些方面可以构建竞争优势，哪些方面需要改进，并制定相应的战略来应对市场变化。

优势（Strengths）：企业相对于竞争对手所具有的优势，如品牌声誉、技术领先、资源丰富等。

劣势（Weaknesses）：企业内部存在的不足或劣势，如资源匮乏、技术落后、管理不善等。

机会（Opportunities）：外部环境中存在的有利因素，如市场需求增长、新技术的应用、政策支持等。

威胁（Threats）：外部环境中的不利因素，如市场竞争加剧、经济下行、政策变化等。

（三）蓝海战略

从 1998 年到最近，蓝海战略的研究受到了研究者的广泛关注。当前许多研究承认蓝海战略对竞争优势有影响，进而认为竞争优势可以预测企业绩效。这种战略强调通过创造新的需求和价值,而不是与现有竞争对手争夺市场份额,从而实现高增长和高利润[12]。

蓝海战略的核心在于重新定义市场边界,打破传统竞争规则,通过创新的产品、服务或商业模式,吸引新的客户群体,开拓未被满足的市场需求[13]。这种战略特别适用于高度竞争的行业,能够帮助企业跳出红海的竞争泥潭,进入更广阔的发展空间。

四、竞争战略在不同产业中的应用案例

(一) 制造业中的竞争战略

制造业作为传统产业,竞争战略的应用尤其广泛。在制造业中,企业通常通过成本领先或差异化战略来建立竞争优势。例如,丰田汽车通过精益生产方式(Lean Production)实现了显著的成本优势,并在全球汽车市场中占据重要地位。而苹果公司则通过不断创新和产品设计的差异化,打造了极具吸引力的品牌和产品,在激烈的电子产品市场中脱颖而出。

(二) 服务业中的竞争战略

在服务业,客户体验和服务质量往往是竞争战略的核心。以连锁酒店行业为例,万豪国际集团通过差异化战略,推出了多个品牌,以满足不同客户群体的需求,从豪华酒店到经济型酒店,覆盖了广泛的市场。此外,服务业中还广泛应用客户关系管理(CRM)系统,通过大数据分析和个性化服务来提升客户满意度,增强市场竞争力。

(三) 科技行业中的竞争战略

科技行业是竞争最为激烈的领域之一,快速变化的技术环境要求企业不断创新。在这一领域,竞争战略往往与技术创新紧密结合。例如,谷歌通过其领先的搜索引擎技术和广告平台,成功建立了巨大的竞争壁垒,使得其他竞争者难以撼动其市场地位。

五、现代企业在竞争战略中的创新与挑战

(一) 竞争战略中的创新

现代企业要在竞争战略中不断创新,以应对复杂的市场环境。除了传统

的竞争战略理论，企业还结合新兴技术和商业模式，进行战略创新[14]。例如，亚马逊通过平台战略（Platform Strategy），不仅成为全球最大的在线零售商，还通过亚马逊云计算服务（AWS）在云计算领域获得了显著的竞争优势。

创新战略的另一个方面是生态系统战略（Ecosystem Strategy）。企业通过构建商业生态系统，与合作伙伴、供应商和客户共同创造价值，形成强大的竞争网络[15]。例如，苹果公司的 App Store 生态系统，通过吸引全球开发者为其平台开发应用，极大地增强了 iOS 系统的吸引力和用户黏性。

（二）竞争战略中的挑战

尽管竞争战略为企业提供了成功的路径，但在实施过程中，企业往往面临诸多挑战。例如，全球化带来的市场不确定性，使得企业在制定和调整竞争战略时需要更加灵活和快速。此外，技术变革的速度加快，也使得企业必须不断创新，才能保持竞争优势。

另一个挑战是市场的多样化和个性化需求。随着消费者需求的多样化，企业需要更加精准地进行市场细分和定位，以满足不同客户群体的需求。这要求企业在竞争战略中，不仅要关注成本和效率，还要注重产品和服务的差异化和创新[16]。

六、竞争战略的未来发展趋势

（一）数字化转型与竞争战略

数字化转型正在深刻改变企业的竞争战略。随着大数据、人工智能和区块链等新兴技术的发展，企业有了更多的工具来获取市场洞察，优化业务流程，提升客户体验。例如，许多企业通过大数据分析来制定更精准的市场定位和营销策略，通过人工智能来提升运营效率和促进产品创新。

数字化转型还带来了平台经济和共享经济的兴起，这使得企业可以通过平台战略来聚合资源，创造新的市场机会。平台战略不仅能够帮助企业快速扩展市场规模，还能通过网络效应增强竞争优势。

（二）可持续发展与竞争战略

在全球可持续发展议程的推动下，企业在制定竞争战略时，越来越多地考虑环境、社会和治理（ESG）因素[17]。可持续发展不仅是企业社会责任的体现，也是构建长期竞争优势的重要手段。例如，许多企业通过绿色技术和可持续供应链管理，既满足了市场对环保产品的需求，也提升了品牌价值和市场竞争力。

未来，随着消费者环保意识的增强和政策法规的变化，可持续发展将在企业竞争战略中占据更加重要的位置。企业需要通过创新和变革，实现经济效益与社会效益的双赢。

竞争战略作为企业管理中的核心内容，不仅帮助企业在激烈的市场竞争中脱颖而出，还为其长期可持续发展提供了战略支持[18]。通过不断创新和适应市场变化，企业能够在复杂多变的市场环境中保持竞争优势，实现高质量发展。未来，随着技术的进步和市场的演变，竞争战略将继续发展，并为企业带来更多的机遇和挑战。

七、健身产业概述

（一）健身产业的定义与范围

1. 健身产业的基本定义

健身产业是指以促进个体身体健康、增强体质、提升生活质量为目标，通过提供健身设施、器材、服务以及相关产品和活动的商业活动和经济行为的集合[19]。健身产业涵盖的范围非常广泛，涉及制造业、服务业、零售业和技术产业等多个领域。它不仅包括传统的健身房、健身器材、健身课程和个人训练服务，还涉及营养品、健身服饰、运动科技、健康咨询等与健身相关的产品和服务[20]。

健身产业的核心是帮助人们通过运动和健康管理来达到或维持良好的身体状态。随着社会对健康意识的提升和生活水平的提高，健身产业已经成为现代社会中不可或缺的组成部分，其涵盖的服务和产品种类也不断扩大和多样化[21]。

2. 健身产业的范围

健身产业可以大致划分为以下六个主要部分。

（1）健身设施与场馆

包括健身房、瑜伽馆、游泳池、户外健身公园等。以上设施是健身产业的核心组成部分,为消费者提供多样化的健身服务。

(2) 健身器材与设备

涉及各类健身器械的设计、制造和销售,包括跑步机、力量训练设备、瑜伽垫等。同时,还包括智能健身设备,如可穿戴设备、健身追踪器等,以上设备通过数据监测帮助用户优化锻炼效果。

(3) 健身服务与课程

包括个人教练、团体健身课程(如瑜伽、普拉提、动感单车)、线上健身平台和应用程序等。健身服务通过专业指导帮助消费者制定和实现健身目标。

(4) 健身营养与健康管理

涵盖健身营养品(如蛋白粉、能量棒)、健康饮食计划、营养咨询服务等。随着人们对营养与健身关系的认识加深,健康饮食与健身计划的结合成为越来越多消费者的选择。

(5) 健身服饰与配件

专为运动设计的服饰、鞋类和配件(如运动手表、运动包)也是健身产业的重要组成部分。以上产品不仅强调功能性和舒适性,也日益追求时尚感和个性化。

(6) 健身科技与创新

包括健身应用、虚拟健身课程、在线健身社区、大数据分析与健身方案定制、增强现实(AR)和虚拟现实(VR)在健身中的应用等。随着技术的进步,科技在健身产业中的应用不断深化,推动了行业的快速发展。

3. 健身产业的延伸与融合

随着人们对健康的多元化需求不断增加,健身产业与其他行业的融合也越来越紧密。

(1) 健康旅游

健身产业与旅游产业的结合,形成了健康旅游的概念。健康旅游包括瑜伽度假村、健身假期、户外探险旅行等,旨在为游客提供身心放松与身体锻炼相结合的旅游体验。

(2) 健身与医疗保健的融合

健身与医疗保健行业的结合为消费者提供了更全面的健康管理方案。医疗机构与健身中心的合作可以帮助人们通过定制化的健身计划来预防或改善健康问题。

（3）企业健身福利

越来越多的企业将健身福利作为员工福利的一部分，通过提供健身会籍、健身课程或企业内部健身设施，帮助员工维持健康的生活方式，进而提升工作效率和满意度。

（二）健身产业的发展历程与现状

1. 健身产业的发展历程

健身作为一种有组织的、系统化的活动，其历史可以追溯到古代。然而，作为一个独立的产业，它的形成和发展主要集中在近现代，特别是20世纪以来，健身产业经历了显著的发展变化[22]。

（1）古代健身活动的起源

健身的概念可以追溯到古希腊和古罗马时代，当时的健身活动主要集中在军事训练和体育竞技中。例如，古希腊的奥林匹克运动会是世界上最早的体育竞赛之一，强调身体的全面发展和竞技精神。与此同时，古罗马的角斗士训练也包含了系统化的健身活动，以增强战士的体能和战斗技能。

（2）现代健身产业的兴起

现代健身产业的兴起可以追溯到20世纪初期。工业革命带来了城市化和生活方式的变化，人们的体力活动显著减少，导致了健康问题的增加[23]。随着人们健康意识的增强，个人健身逐渐成为一种社会趋势。20世纪30年代，美国健美运动的兴起标志着现代健身产业的初步形成。杰克·拉兰恩（Jack LaLanne）是现代健身运动的先驱，他通过开设健身俱乐部和推广健身器械，为现代健身产业奠定了基础。

（3）20世纪中后期的快速发展

20世纪50年代以后，随着经济的发展和人们生活水平的提高，健身产业进入快速发展期。健身房、健身俱乐部和私人教练逐渐普及，健身运动成为大众生活的一部分。20世纪70年代，健美运动和有氧健身（如瑜伽和普拉提）的流行，使得健身产业进一步扩大。与此同时，健身器材和运动服饰市场也迅速发展，成为健身产业的重要组成部分。

(4) 21世纪的科技驱动与全球化

进入21世纪后,科技的进步和全球化的推动,使得健身产业进入了一个新的发展阶段。互联网和移动技术的普及促使在线健身平台和应用程序的兴起,消费者可以通过数字化手段进行健身训练和健康管理。可穿戴设备、虚拟现实、增强现实和大数据分析技术的应用,使健身产业更加智能化和个性化[24]。此外,全球化带来了不同文化和健身理念的交流,使得健身产业呈现出多元化的发展趋势。

2. 健身产业的现状

当前,健身产业已发展成为一个庞大的全球性产业,其市场规模和影响力持续增长。以下是健身产业现状的五个关键方面。

(1) 市场规模与增长

根据行业报告,全球健身产业的市场规模已经达到数千亿美元,并且预计未来几年将继续以稳健的速度增长。健身房、健身器材、营养品、运动服饰等各个细分市场都有显著的发展[25]。此外,线上健身市场在居家办公的推动下,增长尤为迅速,吸引了大量投资和用户。

(2) 消费者群体的多样化

健身产业的消费者群体已经从过去以年轻人为主,逐渐扩展到不同年龄层、不同性别和不同社会背景的消费者。老年人健身市场的增长尤其显著,越来越多的健身服务和产品针对中老年人群体设计,以满足其健康需求[26]。此外,女性健身市场的兴起也推动了健身产品和服务的多样化。

(3) 技术与创新的推动

科技的发展极大地推动了健身产业的创新。智能健身设备、虚拟教练、个性化健身方案等技术应用正在改变传统健身的模式。数字化健身平台不仅提供了丰富的内容和互动体验,还通过数据分析帮助用户实现更加精准的健身目标。可穿戴设备、AR与VR技术的应用更是赋予了健身活动更多的趣味性和互动性。

(4) 健身与健康管理的融合

随着人们对健康的关注度日益提升,健身产业与健康管理的融合也愈发紧密。许多健身俱乐部和线上平台开始提供综合性的健康管理服务,如营养咨询、健康监测、心理健康支持等，为用户提供全方位的健康解决方案。

（5）市场竞争的加剧

随着健身市场的快速扩张，行业内的竞争也日益激烈。大型健身连锁品牌与区域性健身俱乐部之间的竞争、线上平台与线下实体店的竞争、传统健身方式与创新健身方式的竞争，构成了当前健身产业的竞争格局[27]。企业为了在市场中脱颖而出，不断推出新产品和新服务，以满足消费者日益多样化的需求。

3. 影响健身产业发展的主要因素

健身产业的发展受到多种因素的影响，以上因素包括但不限于社会经济环境、政策法规、技术进步和消费者行为变化等[28]。

（1）社会经济环境

经济增长、收入水平的提高和城市化进程推动了健身产业的发展。随着中产阶级的崛起，人们对健康生活的需求不断增加，健身成为越来越多消费者的生活方式选择。此外，人口老龄化也促进了老年人健身市场的发展，越来越多的老年人通过健身来保持健康和活力。

（2）政策法规

政府的政策和法规对健身产业的发展起到了重要的推动作用。例如，一些国家通过政策鼓励国民参与体育运动和健身活动，并提供税收减免或其他激励措施。此外，健身产业的监管也越来越严格，以确保消费者的安全和权益，特别是在健身器材的质量和健身服务的标准方面。

（3）技术进步

技术进步是推动健身产业发展的关键因素之一。互联网、移动技术和物联网的发展，使得数字化健身平台和智能健身设备成为可能。通过技术手段，健身产业得以实现更加个性化、互动化和高效化的发展。

（4）消费者行为变化

消费者行为的变化也是影响健身产业的重要因素。随着健康意识的增强，越来越多的消费者开始重视健身，并愿意为此投入时间和金钱。与此同时，消费者对健身的需求也变得更加多样化，他们不仅关注身体健康，还关注心理健康、社交体验和娱乐价值[29]。因此，健身产业需要不断创新，以满足消费者不断变化的需求。

(三) 全球健身产业的区域性差异

1. 北美地区

北美，尤其是美国，是全球健身产业的发源地和最大的市场之一。美国的健身产业起步较早，市场高度成熟，涵盖了从高端健身俱乐部到大众健身房的广泛服务。北美地区的健身产业不仅市场规模大，而且消费者对于健身的投入也非常高。私人教练、团体课程、健身器材销售以及线上健身平台都发展迅速[30]。此外，北美的健身文化深植于社会，健身不仅是一种生活方式，更是许多人社交的重要部分。

2. 欧洲地区

欧洲的健身产业也非常发达，特别是在西欧国家，如德国、英国、法国等。与北美相比，欧洲的健身产业更加注重多样性和细分市场的发展。例如，功能性训练、精品健身工作室和户外健身等在欧洲市场很受欢迎。此外，随着健康意识的提升和政府政策的支持，健身产业在东欧国家也在快速增长[31]。

3. 亚太地区

亚太地区的健身产业正处于快速增长阶段。尤其是我国和印度等新兴市场，随着经济的快速发展和中产阶级的崛起，健身产业展现出了巨大的潜力。在以上国家，传统的健身房模式正在向更多样化的健身形式转变，如线上健身、社区健身和家庭健身[32]。此外，亚洲文化中对身体健康和长寿的追求也推动了健身产业的发展。

4. 拉丁美洲和中东地区

尽管健身产业在拉丁美洲和中东地区起步较晚，但以上地区的市场潜力巨大。在拉丁美洲，健身逐渐成为年轻一代的生活方式，健身房和团体课程的需求不断增加。而在中东地区，随着富裕阶层的崛起和西方健身文化的引入，高端健身俱乐部和私人教练服务开始受到欢迎。政府对于健康和体育的支持也进一步推动了以上地区健身产业的发展[33]。

(四) 健身产业的未来趋势与挑战

1. 数字化与智能化

未来，健身产业将进一步朝着数字化和智能化方向发展。随着技术的进步，更多智能健身设备将被开发出来，能够实时监控用户的身体状况，提供个性化的健身方案，并与其他设备互联互通[34]。数字化平台将继续扩大，提供虚拟教练、在线课程和社区互动等功能，使得健身变得更加便捷和高效。

2. 健身与健康管理的深度融合

随着人们对全方位健康管理的需求增加，健身产业将进一步与健康管理产业融合。未来，健身俱乐部和线上平台将不仅提供健身服务，还将涵盖营养、心理健康、睡眠管理等综合健康服务。通过数据分析和个性化服务，帮助用户实现全面的健康目标[35]。

3. 可持续性与环保

随着全球环保意识的增强，健身产业也将朝着可持续性方向发展。未来的健身设施和器材将更加注重环保设计，使用可再生材料和节能技术[36]。此外，健身产业也将更加关注社会责任，推广绿色健康的生活方式，鼓励消费者减少碳足迹。

4. 市场竞争与创新

尽管健身产业前景广阔，但市场竞争将更加激烈。企业需要不断创新，推出差异化产品和服务，以满足消费者多样化的需求。此外，随着消费者对健康的需求变得更加个性化，健身产业将面临如何提供定制化解决方案的挑战[37]。这需要企业具备更高的技术能力和数据分析能力。

5. 全球化与本地化的平衡

随着健身产业的全球化扩展，企业需要在全球化和本地化之间找到平衡。虽然全球化使得健身品牌可以进入更多市场，但不同地区的文化差异、消费者行为和市场需求各不相同[38]。如何在保持全球品牌形象的同时，适应本地市场需求，将是健身产业企业面临的重要挑战。

健身产业作为一个多元化、全球化的行业，已经成为现代社会中不可或缺的一部分。随着经济发展、技术进步和消费者健康意识的提升，健身产业在过去几十年里取得了显著的增长。未来，随着数字化、智能化和可持续性的发展，健身产业将继续扩展其市场影响力，并为消费者提供更加全面和个性化的服务[39]。然而，随着市场竞争的加剧，企业需要不断创新和调整战略,以应对行业内外部的挑战,并在全球化市场中实现可持续发展。

八、竞争战略在健身产业中的应用

(一) 健身产业的市场特征与竞争态势

1. 健身产业的市场特征

健身产业具有以下五个显著的市场特征,以上特征决定了企业在这一领域中需要采用特定的竞争战略来获得市场优势。

(1) 市场的多样性和细分化

健身产业的市场非常多样化,涵盖了不同年龄层、性别、收入水平和生活方式的消费者。市场细分化的趋势显著,不同消费者群体对健身产品和服务的需求存在显著差异[40]。例如,年轻一代倾向于选择动感单车、功能性训练等具有挑战性和互动性的健身形式,而中老年人则更倾向于选择瑜伽、普拉提等注重柔韧性和健康管理的课程。这种多样性要求企业在制定竞争战略时,必须考虑如何满足不同细分市场的需求。

(2) 技术驱动的创新

健身产业的一个显著特征是技术的快速发展和广泛应用。智能健身设备、可穿戴设备、虚拟现实和增强现实技术在健身领域的应用,极大地改变了传统的健身模式。技术创新不仅提升了用户的健身体验,也为企业提供了新的竞争工具,如通过大数据分析和人工智能(AI)来定制个性化健身计划。因此,技术驱动的创新已成为健身产业竞争的核心要素之一[41]。

(3) 高度品牌依赖与忠诚度

在健身产业中,品牌的影响力非常重要。知名品牌通常拥有较高的市场份额,因为它们能够为消费者提供质量保证和独特的健身体验。此外,品牌忠诚度在健身产业中尤为重要。消费者一旦选择了某个健身品牌或健身俱乐部,通常会形成长期的忠诚关系,尤其是当品牌能够提供持续的服务创新和会员福利时[42]。

(4) 高成本与高投入

健身产业涉及的投入通常较大,无论是开设健身房、购买健身设备,还是开发健身应用程序,都需要大量的资本投入。这也意味着,进入健身市场的新企业需要具备一定的资金实力和风险承受能力。此外，市场竞争的激烈程度也导致了成本竞争的压力，特别是在高端健身市场，企业需要不断投资于设施、设备和服务创新，以保持竞争优势。

（5）消费者需求的个性化与动态变化

随着消费者对健康的重视程度不断提高，健身产业的消费者需求变得更加个性化和多变。消费者不再满足于千篇一律的健身计划，而是希望根据自己的身体状况、健身目标和生活方式，获得个性化的健身方案[43]。这种需求的动态变化要求企业具有高度的灵活性和快速响应能力，以适应市场的变化并提供定制化的服务。

2. 健身产业的竞争态势

在了解健身产业的市场特征后，分析其竞争态势有助于理解企业在该领域内如何定位自身，以取得竞争优势。健身产业的竞争态势主要体现在以下五个方面。

（1）市场饱和与竞争加剧

在一些发达市场，如北美和西欧，健身产业已经发展得相当成熟，市场趋于饱和。大量的健身俱乐部和在线健身平台竞争激烈，市场份额的争夺愈演愈烈。市场饱和导致价格竞争的加剧，许多企业不得不通过降价或增加会员福利来吸引客户，但这也压缩了利润空间。此外，新兴市场的竞争也在加剧，特别是在亚太和拉美地区，随着中产阶级的崛起和人们健康意识的增强，更多企业开始进入以上市场，竞争日益激烈。

（2）线上与线下的融合与竞争

随着互联网和移动技术的普及，线上健身平台的崛起对传统的线下健身房构成了巨大的挑战。线上平台通过灵活的时间安排、丰富的内容选择和低廉的价格，吸引了大量用户，特别是年轻消费者。然而，线下健身房通过提供更加个性化的服务、社交机会和专业指导，仍然保有一定的竞争力。未来，线上与线下的融合将成为一种趋势，许多企业已经开始尝试将两者结合，通过线上线下的互动来提升用户体验。

（3）全球化与本地化的冲突

全球化为健身产业带来了新的市场机遇，但也带来了本地化需求的挑战。跨国健身品牌进入不同市场时,必须考虑当地的文化、经济水平和消费者偏好。因此,如何在全球扩展品牌影响力的同时,满足本地市场的需求,成为企业竞争中的一个关键问题。特别是在文化差异较大的市场,如亚洲与西方市场之间的差异,全球化品牌必须灵活调整策略,以适应本地消费者的需求。

(4) 新兴技术的竞争

随着技术的快速发展,新兴技术成为健身产业竞争的重要推动力。可穿戴设备、虚拟现实、增强现实和人工智能等技术的应用,使得企业能够提供更加个性化和互动化的健身体验。以上技术不仅提升了用户的健身效果,也为企业提供了差异化竞争的机会。然而,技术的快速更替也带来了新的挑战,企业需要不断创新,跟上技术发展的步伐,以保持竞争力。

(5) 差异化服务与品牌忠诚度的竞争

由于健身市场的多样化和细分化,企业必须提供差异化的服务,以满足不同消费者群体的需求。差异化服务包括个性化健身计划、定制化营养方案、特定人群的专属课程(如孕妇健身、老年人康复训练等),以及结合社交互动的健身体验。此外,品牌忠诚度的培养也是企业在竞争中获胜的重要因素。通过会员制度、奖励计划和优质的客户服务,企业能够提升品牌忠诚度,吸引并留住更多的长期客户[44]。

(二) 竞争战略在健身产业中的重要性

在竞争日益激烈的健身产业中,制定和实施有效的竞争战略对于企业的生存和发展至关重要。竞争战略不仅帮助企业明确市场定位,还指导企业如何利用自身优势、规避劣势,抓住市场机会并应对外部威胁。具体来说,竞争战略在健身产业中的作用主要体现在以下四个方面。

1. 提升市场竞争力

健身产业中,企业需要通过竞争战略来提升自身的市场竞争力。例如,差异化战略可以帮助企业通过提供独特的服务或产品,吸引特定的消费群体,从而在竞争激烈的市场中脱颖而出。通过有效的竞争战略,企业能够在竞争对手中建立优势地位,并持续获得市场份额。

2. 实现资源优化配置

竞争战略帮助企业在资源有限的情况下,合理配置资源,以实现最佳的经营效果。对于健身产业而言,企业需要在设备投资、场地选择、员工培训、市场推广等方面做出最优决策,从而提高资源利用效率,最大化投资回报率[45]。

3. 引导创新与变革

健身产业是一个快速变化的行业,企业需要不断创新以适应市场变化。竞争战略不仅引导企业的日常经营活动,还推动企业进行产品创新、服务创新和管理创新。通过竞争战略,企业能够及时识别市场趋势和技术变革,抢占市场先机。

4. 增强品牌影响力

在健身产业中,品牌是企业最重要的无形资产之一。通过制定和实施有效的品牌战略,企业可以提升品牌知名度和美誉度,增强客户忠诚度,从而在市场中获得长期竞争优势。

(三) 健身产业中常见的竞争战略

在健身产业中,企业通常会采用以下五种经典的竞争战略来提升竞争力。

1. 成本领先战略

成本领先战略是通过降低生产和运营成本,提供低价产品或服务,以获取市场份额的战略。在健身产业中,成本领先战略主要体现在通过优化健身房运营、降低器材采购成本、提高员工效率等方式,实现低成本运营,从而以相对较低的价格吸引更多消费者。这种战略在大众化健身市场中较为常见,特别是一些大型连锁健身俱乐部通过规模效应和标准化运营,成功实现了成本领先。

2. 差异化战略

差异化战略是通过提供与竞争对手不同的产品或服务,满足特定消费者的需求,从而获得市场竞争优势。在健身产业中,差异化战略可以通过提供特色课程、定制化服务、优质的客户体验、创新的健身设备等方式实现。例如,一些精品健身工作室通过提供小班授课、个性化训练和独特的健身环境,吸引了高端消费群体,从而在竞争中脱颖而出。

3. 集中化战略

集中化战略是通过聚焦特定的市场细分或目标消费群体，提供针对性的产品或服务，以获取竞争优势。在健身产业中，集中化战略通常表现为专注于特定人群的健身需求，如专门面向女性的健身房、老年人健康管理中心、孕产妇健身工作室等。以上企业通过深耕特定市场，提供高质量和高适应性的服务，从而在特定市场中建立强大的竞争优势。

4. 创新战略

创新战略在健身产业中尤为重要，因为健身市场的快速变化要求企业不断推出新产品和服务，以满足消费者不断变化的需求。创新战略可以体现在多个方面，如引入新型健身器材、开发智能健身应用、推出虚拟健身课程、结合VR/AR技术的沉浸式健身体验等。通过创新，企业不仅能够满足现有客户的需求，还可以吸引新的客户群体，拓展市场份额。

5. 品牌战略

品牌战略在健身产业中具有重要意义，因为品牌不仅是吸引客户的关键，也是保持客户忠诚度的重要因素。品牌战略通常包括品牌定位、品牌推广、品牌维护和品牌延展等方面。在健身产业中，成功的品牌战略可以帮助企业建立强大的品牌形象，提升市场知名度，进而带来更多的客户和收入。例如，国际知名健身品牌通过全球化推广、明星代言、社交媒体营销等手段，成功树立了健康、有活力和时尚的品牌形象。

（四）竞争战略在健身产业中的实际应用案例

为了更好地理解竞争战略在健身产业中的应用，我们可以通过一些实际案例来具体分析以上战略如何在实践中实施，并带来显著的市场效果。

案例一：Planet Fitness的成本领先战略

Planet Fitness是美国一家大型连锁健身俱乐部，以其成本领先战略在竞争激烈的健身市场中脱颖而出。该公司通过低成本的运营模式，如简化设施配置、标准化服务流程和规模化采购，成功降低了运营成本，从而能够以极具竞争力的价格提供健身服务。Planet Fitness的月度会员费远低于市场平均水平，这吸引了大量注重性价比的消费者，尤其是初次接触健身的群体。通过这种低成本高性价比的战略，Planet Fitness在短时间内实现了迅速扩张,成为全美最大的健身连锁品牌之一。

案例二:Equinox 的差异化战略

Equinox 是一家面向高端客户的精品健身俱乐部,以其卓越的服务和奢华的健身环境闻名。Equinox 通过差异化战略,在竞争激烈的健身市场中取得了显著的成功。首先,Equinox 提供高度个性化的服务,包括私人教练、一对一的营养咨询、定制化的健身计划等。此外,Equinox 还通过打造豪华的健身环境、引入最新的健身设备、提供独特的课程(如高端瑜伽、动感单车、普拉提等),大大提升了客户的健身体验。这种高端定位和差异化服务使 Equinox 成为许多高收入消费者的首选,成功树立了其在高端健身市场中的品牌形象。

案例三:Peloton 的创新战略

Peloton 是一家全球知名的健身科技公司,以其创新的健身产品和服务在全球范围内获得了广泛认可。Peloton 的创新战略主要体现在其开发的智能动感单车和线上健身平台。用户通过 Peloton 的动感单车,可以在家中进行高质量的健身课程,同时与全球的健身爱好者实时互动。此外,Peloton 还通过其线上平台提供丰富的课程选择,包括瑜伽、力量训练、跑步等,满足不同用户的健身需求。Peloton 的创新战略不仅开创了家庭健身的新模式,也成功吸引了大量消费者,推动了公司业务的快速增长。

案例四:Curves 的集中化战略

Curves 是一家专为女性提供健身服务的全球连锁健身俱乐部,以其集中化战略在全球健身市场中取得了成功。Curves 专注于为女性提供专属的健身环境和服务,包括 30 分钟的全身健身计划、轻松的社交氛围以及营养咨询等。这种集中化战略使 Curves 能够深度满足女性客户的健身需求,并在市场中建立了强大的竞争优势。Curves 的成功不仅体现在其遍布全球的数千家连锁店,更在于其品牌已成为女性健身的代名词。

(五) 竞争战略的挑战与应对策略

尽管竞争战略在健身产业中发挥了重要作用,但企业在实施以上战略时也面临着诸多挑战。以上挑战主要来自外部市场环境的变化、技术的快速发展以及消费者需求的多样化等。以下是一些常见的挑战及其应对策略。

1. 市场环境的不确定性

健身产业受经济环境、政策法规和社会文化的影响较大，以上因素的变化可能对市场需求和竞争态势产生重大影响。企业应通过定期的市场调研和趋势分析，及时调整竞争战略，适应市场环境的变化[46]。例如，在经济衰退时期，企业可以通过推出更具价格优势的产品或服务，吸引对价格敏感的消费者。

2. 技术变革的快速性

随着科技的快速发展，健身产业不断涌现新的技术和创新，给企业带来了巨大的压力。为了应对这一挑战，企业应保持对新技术的敏感性，积极投入研发和创新，以便在市场上保持技术领先地位。同时，企业可以通过与科技公司合作，引入最新的技术成果，提升产品和服务的竞争力[47]。

3. 消费者需求的多样化

消费者需求的多样化和个性化是健身产业面临的另一个重要挑战。企业需要通过市场细分和客户调研，深入了解不同消费者群体的需求，并提供定制化的产品和服务[48]。利用大数据和人工智能技术，企业还可以实现精准营销，根据消费者的偏好和行为数据，提供个性化的健身方案和建议。

4. 全球化扩展与本地化适应的平衡

在全球扩展业务的过程中，企业需要应对不同市场的文化差异和消费者需求的差异。为了在全球化扩展中取得成功，企业应注重对本地化战略的实施，结合当地市场的特点和消费者的需求，调整产品和服务。同时，企业应在全球品牌推广中保持一致性，以建立和维护全球品牌形象。

5. 竞争压力与成本控制的冲突

在竞争激烈的市场中，企业常常面临通过降低价格来赢得市场份额的压力，但这可能会导致利润率的下降。为了应对这一挑战，企业应通过优化运营流程、提高生产效率、削减不必要的成本来实现成本控制，同时通过差异化战略提升产品和服务的附加值，以抵御价格竞争的压力。

（六）未来趋势与竞争战略的演进

随着健身产业的不断发展，企业在制定和实施竞争战略时需要考虑未来的市场趋势和行业变化[49]。以下是健身产业未来可能出现的一些趋势，以及企业应如何调整竞争战略以适应以上趋势。

1. 数字化转型的深化

未来,健身产业的数字化转型将进一步深化。企业需要通过加强线上平台的建设,提升数字化服务能力,以适应消费者日益增长的在线健身需求。同时,企业应加大对数据分析和人工智能技术的投入,利用数据驱动的洞察,提供更加个性化和高效的健身服务。

2. 可持续发展与绿色健身

随着人们环境保护意识的增强,消费者对可持续产品和服务的需求将不断增加。企业应通过绿色生产和可持续运营,推广环保健身器材和节能健身设施,满足消费者的环保需求。通过建立绿色品牌形象,企业不仅能够提升市场竞争力,还可以获得社会和政策的支持。

3. 健康与健身的全面融合

未来,健身将不再只是单纯的身体锻炼,而是与整体健康管理紧密结合。企业应通过提供综合的健康管理服务,如营养咨询、心理健康支持、生活方式指导等,帮助消费者实现全方位的健康目标[50]。通过与医疗保健机构合作,企业还可以推出针对慢性病患者或特殊人群的定制化健身计划,拓展市场空间。

4. 新技术的应用与体验优化

虚拟现实、增强现实、可穿戴设备等新技术将在未来健身产业中发挥更大作用。企业应通过引入以上新技术,优化用户的健身体验,提升互动性和参与度。例如,通过VR技术,用户可以在虚拟环境中进行沉浸式健身训练,通过AR技术,用户可以在现实环境中获得实时的健身指导和反馈。

5. 市场全球化与本地化的双重策略

在全球化扩展的过程中,企业应采取双重策略,一方面保持全球品牌的一致性和影响力,另一方面结合本地市场的特点,实施本地化战略。通过灵活调整产品和服务,企业可以更好地满足不同地区消费者的需求,实现全球市场的可持续发展。

竞争战略在健身产业中扮演着至关重要的角色，它不仅指导企业如何在激烈的市场竞争中脱颖而出，还帮助企业实现可持续发展。通过实施有效的竞争战略，如成本领先、差异化、集中化、创新和品牌战略，企业能够提升市场竞争力，满足多样化的消费者需求，并应对外部环境的变化。在未来，随着数字化转型、可持续发展、新技术应用和市场全球化趋势的不断深化，企业需要不断调整和优化其竞争战略，以适应市场的变化和行业的演进，从而在健身产业中获得长期的竞争优势[51]。

第二章　健身市场分析与定位

一、健身市场环境分析

健身市场的环境分析是企业进行市场定位和战略制定的基础工作。通过对宏观环境、行业环境、竞争对手和市场细分的深入分析，企业可以更好地了解市场动态，识别市场机会，并制定有效的市场进入策略和竞争战略。

（一）宏观环境分析

PEST 分析是一种常用的宏观环境分析工具，通过对政治（Political）、经济（Economic）、社会（Social）和技术（Technological）四个维度的分析，帮助企业识别外部环境对其经营的影响[52]。在健身产业中，PEST 分析能够揭示影响行业发展的关键宏观因素，指导企业制定适应环境变化的战略。

1. 政治因素

政治因素包括政府的政策法规、税收政策、贸易法规、环境保护政策、公共健康政策等，以上都对健身产业的发展产生重要影响。

（1）健康政策与公共卫生

政府对公共健康的重视程度直接影响着健身产业的发展。例如，许多国家推出了鼓励国民参与体育锻炼的政策，推动健身产业的发展。以上政策可能包括政府资助的健身计划、税收优惠、公共健身设施的建设等。此外，政府在学校中推行的体育教育政策也为健身产业培养了未来的潜在消费者。

（2）法规与监管

健身产业涉及多个方面的法规监管，包括健身设施的安全标准、教练资质认证、健身器材的质量标准等。严格的监管有助于提升行业的整体水平，但也可能增加企业的运营成本。例如，在一些国家，健身教练必须通过严格的资格认证才能从业，这增加了健身企业的人力资源成本。此外，环境保护政策可能要求健身房采用节能环保的设施和设备，这也可能增加企业的初期投资。

（3）税收与补贴政策

政府的税收政策和补贴措施对健身产业的盈利能力和市场竞争力具有重要影响。例如，政府对健康产业的税收减免政策可以降低企业的运营成本，提高市场竞争力。同时，政府提供的补贴和资助可以促进新企业的进入和行业的创新发展。

2. 经济因素

经济因素涉及宏观经济形势、收入水平、就业率、利率、通货膨胀率等，以上因素影响消费者的购买力和消费行为，从而影响健身产业的市场需求。

（1）经济增长与收入水平

健身产业的发展与经济增长密切相关。在经济繁荣时期，消费者的收入水平提高，对健康和生活质量的关注也随之增加，从而推动了健身产业的发展。反之，在经济衰退时期，消费者的可支配收入下降，对健身服务的需求可能会受到抑制。因此，企业需要关注宏观经济环境的变化，及时调整市场策略。

（2）消费者支出与消费习惯

消费者的支出模式直接影响健身市场的规模和结构。例如，在高收入国家，消费者更愿意为高端健身服务和个性化健身体验支付溢价，而在中低收入国家，价格敏感度较高的消费者可能更倾向于选择性价比高的健身服务。此外，消费者的消费习惯变化也会影响健身市场的需求，如随着家庭健身和线上健身的普及，消费者对传统健身房的依赖度有所下降。

（3）就业率与可支配收入

就业率的高低和可支配收入的多少对健身市场的需求具有重要影响。在就业率高、可支配收入充足的情况下，消费者更愿意投资于健身和健康管理，这将推动健身产业的发展。相反，在就业率低、经济不景气的情况下，消费者可能会减少在健身上的支出，从而对行业造成不利影响。

（4）利率与融资环境

利率水平和融资环境对健身产业的投资决策和资本结构有直接影响。较低的利率水平通常有助于企业融资,促进健身设施的扩张和新项目的开发。而较高的利率水平可能增加企业的融资成本,抑制资本投资。此外,良好的融资环境可以为健身产业中的中小企业提供更多的融资渠道,支持其业务扩展和创新发展。

3. 社会因素

社会因素包括人口统计特征、文化习惯、生活方式、健康意识等,以上因素影响着健身产业的市场需求和服务形式。

(1) 人口结构与消费群体

健身市场的需求与人口结构密切相关。例如,年轻人通常是健身市场的主要消费者群体,他们对健身和健康生活方式有较高的需求。此外,随着人口老龄化的加剧,老年人市场逐渐成为健身产业的重要组成部分,老年人群体对康复训练、健康管理和轻度运动的需求不断增加。

(2) 健康意识与生活方式

人们健康意识的提高和生活方式的转变是推动健身产业发展的重要社会因素。随着人们对健康的关注度提升,越来越多的消费者愿意为健身和健康管理投入时间和金钱。特别是在城市化进程中,快节奏的生活方式促使人们更加重视通过健身来保持身体和心理健康。

(3) 社会文化与健身趋势

社会文化对健身产业的影响体现在不同地区和国家对健身的态度和接受度上。例如,在一些西方国家,健身已经成为一种普遍的社会活动,健身房成为社交和社群活动的重要场所。而在一些发展中国家,健身文化可能尚未普及,市场需求相对较小,但随着经济发展和文化交流的增加,以上地区的健身市场潜力巨大。

(4) 教育与健身普及

教育水平与健身的普及程度密切相关。受教育程度较高的群体通常具有更高的健康意识和健身需求,他们愿意为健康生活方式投资。此外,学校体育教育和公共健康宣传也是提高全民健身意识的重要手段,通过以上途径,健身产业可以吸引更多的消费者。

4. 技术因素

技术因素包括技术创新、研发投入、技术应用水平等，以上因素对健身产业的服务创新、运营效率和市场竞争力产生重要影响。

(1) 科技创新与健身设备

科技创新是推动健身产业发展的关键驱动力。近年来，智能健身设备、可穿戴设备、VR 和 AR 技术的应用大大提升了健身体验。例如，智能跑步机、智能动感单车等设备可以实时监测用户的运动数据，并通过互联网与教练或其他用户互动，增强了健身的趣味性和互动性。此外，VR 和 AR 技术的应用使得用户可以在虚拟环境中进行沉浸式健身训练，带来了全新的健身体验。

(2) 数字化与线上健身

随着数字技术的普及，线上健身成为健身产业的重要组成部分。通过移动应用和在线平台，用户可以随时随地进行健身训练，这种灵活性和便捷性满足了现代消费者的需求。企业通过提供在线健身课程、虚拟教练和个性化健身计划，扩大了市场覆盖面，吸引了大量用户。未来，随着 5G 技术的普及，线上健身的互动性和实时性将进一步提升，为用户带来更高质量的健身体验。

(3) 数据分析与个性化服务

大数据和人工智能技术的应用为健身产业带来了更多的个性化服务机会。通过对用户运动数据、健康数据和消费行为的分析，企业可以为用户定制个性化的健身方案和健康管理计划。这种个性化服务不仅提高了用户的满意度，也增强了客户的黏性和忠诚度。此外，数据分析还可以帮助企业优化运营管理，提高市场预测能力和决策效率。

(4) 可持续技术与环保健身

随着可持续发展理念的深入人心，环保技术在健身产业中的应用也越来越广泛。例如，节能型健身设备、可再生材料的使用以及绿色健身房的建设等都成为行业发展的新趋势。通过采用环保技术，企业不仅能够降低运营成本，还可以塑造绿色品牌形象，吸引注重环保的消费者群体。

(二) 行业环境分析

波特五力模型是分析行业竞争态势的经典工具，通过对行业内的竞争者、潜在进入者、替代品、供应商和买方五个方面的力量分析，企业可以更好地理解行业结构，并制定相应的竞争战略[53]。波特五力模型在健身产业中的应用分析如下。

1. 行业内竞争者的竞争力

健身产业的行业竞争者主要包括各类健身房、健身俱乐部、在线健身平台、智能健身设备制造商等。行业内竞争者之间的竞争力主要体现在以下几个方面。

（1）市场集中度与竞争强度

在一些发达市场，健身产业的市场集中度较高，少数大型健身连锁品牌占据了较大的市场份额。例如，像 Planet Fitness、Equinox 这样的国际健身连锁品牌，通过规模化运营和品牌影响力在市场中占据主导地位。以上企业的市场集中度高，市场竞争力强，对中小型健身企业形成了较大的竞争压力。然而，在新兴市场，由于市场尚未饱和，行业内竞争者数量较多，市场集中度较低，竞争相对激烈。

（2）产品与服务的差异化

健身产业的竞争者通常通过提供差异化的产品和服务来获取市场竞争力。例如，一些高端健身俱乐部通过提供奢华的设施、个性化的健身计划、专业的私人教练服务等，吸引了高收入人群。而一些大众化健身房则通过提供性价比高的服务来吸引大众消费者。此外，在线健身平台通过提供丰富的课程选择和便捷的线上服务，也在市场中获得了竞争优势。产品与服务的差异化是健身企业在竞争中立于不败之地的重要策略。

（3）价格竞争与利润压力

在市场饱和的情况下，价格竞争成为行业内竞争者争夺市场份额的重要手段之一。特别是在大众化健身市场，价格竞争尤为激烈，企业为了吸引更多的客户，往往会采取低价策略。然而，价格竞争的加剧也带来了利润率的下降，给企业的运营带来了压力。因此，企业需要在价格竞争与利润空间之间找到平衡，通过提升服务质量和客户体验来保持竞争优势。

2. 潜在进入者的威胁

潜在进入者是指可能进入健身产业的新企业或品牌，其威胁主要体现在以下几个方面。

（1）进入壁垒与市场准入

健身产业的进入壁垒主要包括资本投入、品牌建立、技术要求和法规监管等。对于新进入者来说，开设健身房或建立健身品牌需要大量的资本投入，如场地租赁、设施采购、员工招聘等。此外，建立品牌知名度和客户信任度也需要时间和资源的投入。同时，健身产业涉及的技术要求（如智能设备的研发）和法规监管（如教练资质认证）也构成了进入壁垒。因此，进入壁垒较高的市场，新进入者的威胁相对较小。

（2）市场饱和与竞争压力

在一些市场饱和的地区，如北美和欧洲的大城市，健身产业的市场竞争已经非常激烈，新进入者面临较大的竞争压力。以上市场的消费者已经形成了较高的品牌忠诚度，新品牌要在短时间内获得市场份额非常困难。然而，在一些新兴市场，如亚洲和拉美地区，市场尚未饱和，消费者对新品牌的接受度较高，新进入者有更多的市场机会。

（3）创新与差异化

对于潜在进入者来说，创新和差异化是进入市场的重要手段。例如，一些新兴健身品牌通过引入创新的健身理念、独特的健身模式或先进的健身科技，在市场中迅速获得了竞争优势。通过差异化的新产品和服务，潜在进入者可以成功吸引特定的消费者群体，降低市场进入的风险。

3. 替代品的威胁

替代品是指能够满足同样需求但不同形式的产品或服务。在健身产业中，替代品的威胁主要体现在以下几个方面。

（1）家庭健身与在线健身

随着家庭健身设备的普及和在线健身平台的发展，越来越多的消费者选择在家中进行健身训练，而不再依赖于传统的健身房。家庭健身和在线健身的兴起对传统健身房构成了替代威胁，特别是在价格和便利性方面，家庭健身和在线健身具有一定的优势。

（2）其他运动形式

除了传统的健身活动，其他运动形式如跑步、游泳、骑行、户外探险等也可能成为健身房的替代品。以上运动形式不仅能够满足人们对身体锻炼的需求，还提供了不同的运动体验和社交机会。特别是在一些喜欢户外活动的消费者中，以上运动形式可能比室内健身更具吸引力。

（3）健康管理与养生服务

随着健康管理和养生理念的普及，越来越多的消费者选择通过健康管理服务（如营养咨询、理疗、健康检测等）来保持身体健康，而不是单纯依赖于健身训练。以上健康管理服务在某种程度上也构成了健身产业的替代品威胁，特别是在中老年消费者群体中，以上服务具有较强的吸引力。

4. 供应商的议价能力

供应商的议价能力是指供应商对健身企业的价格和供货条件施加影响的能力。健身产业的供应商主要包括健身设备制造商、健身器材供应商、运动服饰供应商、技术提供商等。

（1）供应商的集中度

供应商的集中度是影响其议价能力的重要因素之一。如果某一健身设备或技术只有少数供应商提供，且供应商之间缺乏竞争，那么以上供应商就可能具有较强的议价能力，从而抬高产品或服务的价格。这种情况在高端智能健身设备市场尤为明显，少数领先的技术提供商往往掌握着关键技术，能够对健身企业施加较大的议价压力。

（2）替代供应商的可选性

如果健身企业在选择供应商时有多种选择，且供应商之间竞争激烈，那么供应商的议价能力就会受到限制。特别是在大众化健身器材市场，供应商众多且产品同质化程度较高，健身企业可以通过货比三家来降低采购成本。然而，对于一些定制化或高端设备，替代供应商的可选性较低，供应商的议价能力较强。

（3）企业与供应商的合作关系

企业与供应商之间的合作关系也影响着供应商的议价能力。长期稳定的合作关系可以增强双方的信任和合作意愿，供应商可能会给予企业更优惠的价格或更灵活的供货条件。此外，企业通过与供应商建立战略合作伙伴关系，如共同开发新产品或技术，也可以增强对供应商的议价能力，获得更多的竞争优势。

5. 买方的议价能力

买方的议价能力是指消费者对健身企业的价格和服务条件施加影响的能力。在健身产业中，买方的议价能力受到以下因素的影响。

（1）消费者的价格敏感度

消费者的价格敏感度直接影响其议价能力。在价格敏感度较高的市场，如大众化健身市场，消费者对价格变化非常敏感，企业为了吸引和留住客户，往往需要提供优惠价格或折扣服务，从而削弱了自身的议价能力。而在高端市场，消费者对价格的敏感度较低，更注重服务质量和体验，因此企业可以通过提供优质服务来增强自身的议价能力。

（2）消费者的选择权

消费者的选择权是指消费者在市场上可选择的健身产品或服务的多样性。如果市场上有多种可替代的健身产品或服务，消费者的选择权较高，其议价能力也会相应增强。反之，如果某一健身品牌或服务在市场上具有独特性或不可替代性，消费者的选择权较低，其议价能力也会减弱。

（3）消费者的忠诚度

消费者的忠诚度影响着其议价能力。对于具有高品牌忠诚度的消费者，他们可能更愿意为熟悉的品牌支付溢价，从而降低其议价能力。相反，对于那些不忠诚的消费者，他们更容易在不同品牌之间进行价格比较，从而增强其议价能力。因此，健身企业通过提升品牌忠诚度和客户满意度，可以降低消费者的议价能力。

（4）团体购买与议价能力

团体购买是指消费者通过组团或集体形式进行购买，从而增强其议价能力。在健身产业中，团体购买的现象也比较常见，如企业为员工购买健身会籍、健身俱乐部为会员提供团体课程等。这种情况下，买方的议价能力较强，健身企业需要提供更优惠的价格或更多的附加服务来满足团体购买的需求。

（三）竞争对手分析与市场细分

1. 竞争对手分析

竞争对手分析是企业了解市场竞争态势、制定竞争战略的重要环节。通过对竞争对手的产品、服务、市场定位、营销策略、技术能力等方面的深入分析，企业可以识别竞争优势和劣势，从而制定有效的竞争策略[54]。

（1）主要竞争对手的市场定位

市场定位是竞争对手在市场中的形象和地位。通过分析主要竞争对手的市场定位，企业可以了解其目标客户群体、品牌形象和市场策略。例如，一些高端健身俱乐部可能以奢华、个性化服务为市场定位，吸引高收入群体；而一些大众化健身房可能以性价比高、服务大众为市场定位，吸引年轻和中低收入消费者。

（2）竞争对手的产品与服务

竞争对手的产品和服务是其市场竞争力的重要体现。企业通过对竞争对手产品线、服务内容、创新能力的分析，可以识别市场上的空白点和差异化机会。例如，某竞争对手可能专注于智能健身设备和线上健身服务，而另一个竞争对手可能强调社交互动和团体课程的价值。通过分析竞争对手的产品和服务，企业可以发现市场中未被充分满足的需求，并开发出独特的产品或服务。

（3）竞争对手的营销策略

竞争对手的营销策略包括定价策略、促销活动、品牌推广、渠道管理等。通过对竞争对手营销策略的分析，企业可以了解其市场推广的重点和手段，从而制订有针对性的市场营销计划。例如，竞争对手可能通过社交媒体广告、体育明星代言、线上线下联动等方式进行品牌推广，企业可以参考以上策略，制定适合自身品牌和市场定位的营销活动。

（4）竞争对手的技术能力

技术能力是竞争对手在市场中获得竞争优势的关键因素之一。企业通过对竞争对手的技术研发能力、创新成果、专利技术等方面的分析，可以评估其在技术竞争中的优势和劣势。例如，某竞争对手可能在智能健身设备领域具有领先的技术优势，而另一个竞争对手可能在数据分析和个性化服务方面更具竞争力。了解竞争对手的技术能力有助于企业制定技术研发和创新策略，增强自身的市场竞争力。

（5）竞争对手的财务状况

竞争对手的财务状况是评估其市场稳定性和竞争力的重要指标。通过分析竞争对手的财务报表、营收结构、成本控制、利润水平等数据，企业可以判断其在市场中的财务健康状况。例如，某竞争对手可能通过成本领先策略实现了较高的市场份额，但其利润率较低，可能面临财务压力。企业可以通过这种分析，识别竞争对手的潜在风险，并采取相应的市场策略。

2. 市场细分

市场细分是指根据消费者的需求、行为、偏好等特征，将市场划分为不同的子市场（细分市场），并为每个细分市场制定有针对性的营销策略[55]。在健身产业中，市场细分有助于企业更好地理解消费者需求，并提供定制化的产品和服务。

（1）细分市场的标准

市场细分的标准通常包括地理、人口统计、心理、行为等方面。在健身产业中，常见的市场细分标准包括年龄、性别、收入水平、生活方式、健身目标等。例如，年轻人市场通常注重健身的社交和娱乐功能，中年人市场注重身体健康和减压功能，而老年人市场则关注康复训练和健康管理。通过细分市场，企业可以根据不同消费者群体的需求，提供差异化的产品和服务。

（2）细分市场的需求分析

不同细分市场的需求各不相同，企业需要通过市场调研、数据分析等手段，深入了解各细分市场的需求。例如，年轻人市场对新颖、互动性强的健身形式（如动感单车、团体课程、线上直播课程等）有较高需求，而中年人市场可能更注重健身计划的科学性和健身器材的质量。通过需求分析，企业可以为每个细分市场制定有针对性的产品开发和服务策略。

（3）细分市场的竞争态势

每个细分市场的竞争态势也存在差异，企业需要分析细分市场中的主要竞争对手、市场份额、竞争策略等。例如，在高端健身市场，竞争主要集中在服务质量、设施豪华度、品牌声誉等方面，而在大众化健身市场，价格竞争和服务多样性是主要的竞争焦点。了解细分市场的竞争态势，有助于企业在竞争中找到差异化的竞争策略，获取市场优势。

（4）细分市场的定位策略

市场细分的最终目的是为每个细分市场制定精准的市场定位策略。市场定位是企业在目标市场中树立独特形象和地位的过程，通过市场定位，企业可以明确其在市场中的竞争优势和品牌形象。例如，某企业可能定位为提供高性价比健身服务的品牌，吸引中低收入群体；而另一个企业可能定位为高端私人定制健身服务的品牌，专注于高收入群体。通过精准的市场定位，企业可以在竞争激烈的市场中树立独特的品牌形象，赢得消费者的认可。

3. 市场细分的实际应用案例

为了更好地理解市场细分在健身产业中的应用，我们可以通过实际案例来分析细分市场的开发和运营策略：

案例一：SoulCycle 的高端市场细分

SoulCycle 是一家专注于动感单车课程的精品健身品牌，通过高端市场细分策略在竞争激烈的健身市场中取得了成功。SoulCycle 将其目标市场定位于高收入、注重生活质量的都市白领和健身爱好者。通过提供高端设施、专业指导、独特的课程设计和强烈的社群感，SoulCycle 吸引了大量忠实客户。此外，SoulCycle 通过时尚的品牌形象和名人代言，进一步巩固了其在高端健身市场的领先地位。这一案例显示了通过市场细分和精准定位，企业可以在特定市场中获得竞争优势。

案例二：Curves 的女性市场细分

Curves 是一家全球知名的女性专属健身俱乐部，通过市场细分和集中化战略，成功开拓了女性健身市场。Curves 的目标市场是中老年女性，这一群体在传统健身房中往往感到不适或缺乏归属感。Curves 通过提供专为女性设计的健身器械和课程，营造温馨舒适的健身环境，并结合营养咨询和健康管理服务，赢得了大量女性消费者的青睐。Curves 的成功说明了通过识别细分市场的特殊需求，企业可以创造新的市场机会，建立强大的市场地位。

案例三：Peloton 的线上健身市场细分

Peloton 是一家领先的线上健身科技公司，通过市场细分和数字化战略，迅速成为全球健身市场的领军品牌。Peloton 的目标市场包括追求便捷、高效、个性化健身体验的中高收入人群。通过提供智能动感单车、线上直播课程、个性化健身计划和全球社区互动，Peloton 在家庭健身和线上健身市场中取得了显著的成功。此外，Peloton 通过数据分析和客户反馈，不断优化产品和服务，满足不同细分市场的需求，增强了品牌的市场竞争力。

健身市场环境分析是企业制定市场定位和竞争战略的基础。通过宏观环境的 PEST 分析，企业可以了解影响健身产业的政治、经济、社会和技术因素，并据此制定适应市场变化的战略。通过行业环境的波特五力模型分析，企业可以识别行业内竞争者、潜在进入者、替代品、供应商和买方的力量，制定有针对性的竞争策略。通过竞争对手分析和市场细分，企业可以深入了解市场竞争态势和不同细分市场的需求，制定精准的市场定位策略。通过以上分析工具和方法，企业可以在竞争激烈的健身市场中找到市场机会，建立独特的竞争优势，实现可持续发展。

二、消费者需求与行为分析

健身产业的成功在很大程度上依赖于对消费者需求和行为的深刻理解。消费者的需求和行为不仅决定了市场的供需关系，还影响着产品和服务的设计、营销策略的制定以及市场竞争的动态。因此，深入分析消费者的需求和行为模式，对健身企业制定精准的市场策略和提供个性化服务具有重要意义。

（一）消费者需求调查与分析

1. 消费者需求的多样性

健身市场的消费者需求具有高度的多样性，这种多样性源于消费者的年龄、性别、收入水平、生活方式、健康状况等方面的差异[56]。每一类消费者群体都有其特定的健身目标、偏好和需求。以下是健身市场中主要的消费者需求类别。

（1）健康需求

许多消费者选择健身的主要目的是改善或维护身体健康。例如，随着全球肥胖率的上升，越来越多的消费者希望通过健身来减肥、控制体重和改善代谢健康。还有一些消费者希望通过健身来降低患病风险，如心血管疾病、糖尿病等。

（2）体型和外观需求

一些消费者特别关注通过健身来塑造体型和提升外观。这个群体往往包括年轻人、健美爱好者以及那些对自我形象有较高要求的消费者。他们的健身需求主要集中在力量训练、增肌、塑形等方面，并倾向于选择高强度的健身计划和专业指导。

（3）心理和情感需求

健身也被越来越多的消费者视为一种缓解压力、提升心理健康的方式。特别是在城市化和快节奏的生活背景下，健身已成为许多消费者应对工作压力、焦虑和抑郁的一种有效手段。瑜伽、冥想、普拉提等低强度的健身形式因其能够放松身心、改善情绪而受到欢迎。

（4）社交需求

健身还具备强烈的社交属性，一些消费者将健身视为一种社交活动的途径。例如，团体健身课程、动感单车、舞蹈类课程等由于能够促进社交互动而深受欢迎。对于以上消费者来说，健身不仅仅是体能锻炼，更是与朋友、同事或新认识的人一起分享共同兴趣的机会。

（5）专业运动需求

一些消费者有着特定的运动目标，如马拉松选手、铁人三项运动员或健美比赛选手等。这类消费者对健身有着高度专业化的需求，他们往往需要定制化的训练计划、专业教练的指导以及先进的健身器材和设备支持。

（6）娱乐和体验需求

除了传统的健身需求，一些消费者还将健身视为一种娱乐和体验的方式。随着健身科技的发展，越来越多的健身形式融入了娱乐元素，如VR健身、游戏化训练等，为消费者提供了更具趣味性和互动性的健身体验。

2. 消费者需求调查的方法与工具

为了准确了解消费者需求，健身企业通常采用多种方法和工具进行消费者需求调查。以上调查方法包括定量研究和定性研究，通过不同的调查手段，企业能够全面了解消费者的需求和偏好。

（1）问卷调查

问卷调查是了解消费者需求的常见方法之一。企业可以通过在线或线下问卷收集大量消费者的需求数据，包括健身频率、偏好项目、期望的健身效果等。问卷调查的优点是能够快速获取大量数据，便于统计分析和趋势预测。

(2) 深度访谈

深度访谈是一种定性研究方法，通常用于深入了解消费者的需求动机和行为模式。通过与消费者进行一对一的深入对话，企业可以获取更为细致的需求信息，如消费者选择特定健身方式的原因、对健身设施和服务的具体要求等。深度访谈的优点在于能够深入挖掘消费者的潜在需求和心理动机。

(3) 焦点小组讨论

焦点小组讨论是通过召集一组消费者进行集体讨论，了解他们的需求和偏好。焦点小组讨论通常由专业的主持人引导，参与者围绕特定话题展开讨论。通过这种方式，企业可以观察消费者之间的互动，了解不同消费群体的共性和差异。

(4) 行为数据分析

随着数字技术的发展，行为数据分析成为了了解消费者需求的重要工具。通过分析消费者在健身平台上的行为数据，如课程选择、训练时间、设备使用频率等，企业可以获取消费者的真实需求和行为模式。行为数据分析的优点在于能够实时获取消费者的动态需求，并进行个性化推荐。

(5) 社交媒体分析

社交媒体平台上的讨论和分享也可以为企业提供丰富的消费者需求信息。通过分析消费者在社交媒体上的评论、点赞、分享等行为，企业可以了解消费者对特定健身项目、品牌和服务的看法和态度。社交媒体分析的优点在于能够获取消费者的自然表达，反映出他们的真实情感和需求。

3. 消费者需求分析的步骤

消费者需求分析是一个系统化的过程，通常包括以下几个步骤。

(1) 数据收集

首先，企业需要通过上述各种方法和工具收集消费者需求数据。以上数据可以包括消费者的基本信息（如年龄、性别、收入）、健身行为（如健身频率、课程选择）、健身目标（如减肥、增肌、放松）等。

(2) 数据整理与分类

数据收集后，企业需要对数据进行整理和分类，将不同类型的需求进行归纳和总结。例如，可以将消费者的需求按年龄、性别、收入水平等进行分类，或者按健身目标、偏好项目进行分类。

（3）需求趋势分析

在数据整理的基础上，企业需要分析需求趋势，识别出市场中的主流需求和潜在需求。例如，通过分析不同年龄段消费者的需求，可以发现哪些健身项目在特定人群中更受欢迎，哪些需求尚未被充分满足。

（4）需求优先级排序

需求分析的最终目的是为企业制定市场策略提供参考，因此企业需要对各种需求进行优先级排序。优先满足那些市场潜力大、竞争较少的需求，可以帮助企业更好地抢占市场先机。例如，如果某一消费者群体对某种新兴健身形式表现出强烈需求，而市场上的竞争对手较少，企业可以优先开发相关产品和服务。

（5）制定应对策略

在需求分析的基础上，企业可以制定相应的市场策略，如产品开发策略、营销策略、定价策略等。例如，如果分析发现消费者对个性化服务的需求较高，企业可以推出定制化的健身计划、个性化的饮食建议等服务，满足消费者的需求。

4. 消费者需求分析的案例

为了更好地了解消费者需求分析的实际应用，我们可以通过一些案例来探讨需求分析在健身产业中的作用。

案例一：Peloton 的消费者需求分析

Peloton 是一家成功的健身科技公司，其产品和服务的成功离不开对消费者需求的深入分析。Peloton 通过在线问卷调查、行为数据分析和社交媒体分析，了解消费者对家庭健身的需求趋势。分析结果显示，许多消费者由于工作繁忙、交通不便，无法定期前往健身房，因此对家庭健身设备和线上课程表现出强烈需求。Peloton 根据这一需求，推出了智能动感单车和线上直播课程，满足了消费者的需求，迅速占领了市场。

案例二：Curves 的女性市场需求分析

Curves 是一家专为女性设计的健身俱乐部，在市场细分和消费者需求分析方面有着成功的经验。Curves 通过深度访谈和焦点小组讨论，深入了解女性消费者在健身方面的需求。分析显示，许多女性消费者在传统健身房中感到不适，特别是中老年女性，她们希望有一个专为女性设计的、舒适的健身环境。基于这一需求，Curves 设计了专为女性量身定制的健身设备和课程，成功吸引了大量女性客户。

案例三：SoulCycle 的情感需求分析

SoulCycle 是一家以情感和社群为核心的精品健身品牌。通过焦点小组讨论和社交媒体分析，SoulCycle 发现，许多消费者选择健身不仅仅是为了身体锻炼，更是为了缓解压力、改善情绪和建立社交关系。基于这一情感需求，SoulCycle 设计了独特的健身课程，注重情感的释放和社群的建立，使得每一堂课都成为了一次情感和能量的释放。这一策略帮助 SoulCycle 在竞争激烈的健身市场中建立了强大的品牌忠诚度。

（二）不同消费群体的健身需求与偏好

1. 按年龄细分的健身需求与偏好

不同年龄段的消费者在健身需求和偏好上存在显著差异，企业需要根据以上差异提供定制化的产品和服务。

（1）青少年群体（13—18 岁）

青少年群体的健身需求主要集中在增强体质、提高运动能力和保持健康体重上。由于正处于生长发育阶段，青少年更倾向于选择符合其体能水平的运动，如团队运动、篮球、游泳等。此外，青少年对健身的娱乐性和社交性要求较高，他们更容易接受融入游戏元素或团体活动的健身形式

（2）年轻人群体（18—35 岁）

年轻人是健身市场的重要消费群体，他们的健身需求通常包括塑造体型、提高力量和耐力、减压等。年轻人对新兴健身形式和科技化健身设备的接受度较高，他们更愿意尝试动感单车、CrossFit、瑜伽等创新健身项目。此外，年轻人对个性化和时尚感的要求较高，他们倾向于选择那些能够展现个性和时尚感的健身项目和品牌。

（3）中年人群体（35—50 岁）

中年人群体的健身需求主要集中在保持健康、预防慢性疾病和减压上。由于工作和家庭的压力较大，中年人通常选择那些能够在短时间内达到良好

健身效果的项目，如高强度间歇训练（HIIT）、普拉提、游泳等。中年人对健身的科学性和安全性要求较高，他们更愿意接受专业教练的指导和个性化的健身计划。

（4）老年人群体（50岁以上）

老年人群体的健身需求主要集中在维持身体功能、改善平衡能力和预防骨质疏松上。老年人通常选择低强度、低冲击的健身项目，如步行、太极拳、瑜伽、轻度力量训练等。老年人对健身的安全性和舒适性要求极高，他们倾向于选择那些能够提供安全指导和温和训练的健身设施和服务。

2. 按性别细分的健身需求与偏好

性别也是影响健身需求和偏好的重要因素，男性和女性在健身目标、项目选择和训练方式上往往有不同的偏好[57]。

（1）男性消费者

男性消费者通常更注重力量训练和体型塑造，他们的健身目标往往是增肌、提高力量和耐力。男性消费者更倾向于选择力量训练、重量训练、CrossFit等高强度的健身项目。此外，男性消费者对健身器材和设备的功能性要求较高，他们更关注器材的科技含量和训练效果。

（2）女性消费

女性消费者的健身目标通常包括减肥、塑形、提高柔韧性和改善情绪等。女性消费者更倾向于选择瑜伽、普拉提、有氧运动、舞蹈类健身课程等相对低强度的健身项目。此外，女性消费者对健身环境的舒适度和私密性要求较高，她们更愿意选择提供女性专属设施或课程的健身场所。

3. 按收入水平细分的健身需求与偏好

收入水平对消费者的健身需求和消费行为有着显著影响。高收入、中等收入和低收入消费者在健身消费上表现出不同的偏好和选择[58]。

（1）高收入消费者

高收入消费者对健身的消费能力较强，他们通常追求高端、个性化的健身体验。高收入消费者倾向于选择高端健身俱乐部、私人教练服务、定制化健身计划等。此外，高收入消费者对健身环境、设施和服务质量要求极高，他们愿意为奢华的健身环境、尖端的健身设备和专业的健身指导支付高额费用。

（2）中等收入消费者

中等收入消费者是健身市场的重要消费群体，他们的健身需求通常集中在性价比高、服务全面的健身项目上。中等收入消费者倾向于选择大众化健身房、团体课程和标准化的健身计划。他们对价格较为敏感，但同时也注重服务质量和健身效果，因此，他们往往会选择那些能够提供合理价格和优质服务的健身品牌。

（3）低收入消费者

低收入消费者的健身消费能力有限，他们通常选择价格低廉、易于获取的健身项目。低收入消费者可能更倾向于在家中或户外进行简单的健身活动，如步行、跑步、免费健身课程等。此外，一些社区健身中心或公益健身项目也能够满足低收入消费者的健身需求。

4. 按生活方式细分的健身需求与偏好

生活方式也是影响健身需求的重要因素。不同生活方式的消费者在健身习惯、项目选择和消费行为上表现出显著差异[59]。

（1）健康生活方式群体

健康生活方式群体高度关注自身的身体和心理健康，他们通常有着良好的健身习惯和健康管理意识。这一群体的健身需求包括全方位的健康管理、科学的健身计划、个性化的饮食建议等。他们倾向于选择能够提供综合健康管理服务的健身品牌，如结合营养咨询、心理健康支持、健康监测等服务的健身机构。

（2）忙碌的城市白领群体

城市白领群体通常工作繁忙、时间紧张，但他们对健身有着较高的需求，特别是通过健身来缓解压力、提高工作效率和保持健康体形。这一群体的健身需求集中在高效、灵活的健身项目上，如高强度间歇训练（HIIT）、短时有氧运动、线上健身课程等。此外，城市白领群体对健身设施的便捷性要求较高，他们更倾向于选择位置便利、开放时间灵活的健身房或在线健身平台。

（3）家庭主妇群体

家庭主妇群体的健身需求主要集中在减肥、塑形、提高体能和保持健康上。由于家庭主妇通常需要照顾家庭，他们的健身时间相对有限，偏好能够在家中或附近进行的健身项目,如家庭健身设备、社区健身课程、在线健身视频等。此外,家庭主妇群体对价格较为敏感,他们更倾向于选择价格合理、效果显著的健身项目。

(4) 退休老年群体

退休老年群体的健身需求主要集中在维持身体健康、提高生活质量和预防疾病上。由于身体机能的逐渐退化,老年群体通常选择低强度、低冲击的健身项目,如步行、太极拳、轻度力量训练等。老年群体对健身的安全性和科学性要求较高,他们倾向于选择能够提供专业指导和安全保障的健身设施和服务。

5. 按健身目标细分的健身需求与偏好

消费者的健身目标是决定其健身需求和行为的核心因素。不同健身目标的消费者在健身项目选择、训练强度、教练需求等方面表现出不同的偏好[60]。

(1) 减肥与体重控制

减肥和体重控制是许多消费者的主要健身目标。对于以上消费者来说,燃烧卡路里、增强代谢、减少脂肪是他们的主要需求。因此,他们倾向于选择高强度有氧运动、动感单车、跑步等能够消耗大量卡路里的健身项目。此外,以上消费者通常需要营养咨询和饮食计划的支持,以达到更好的减肥效果。

(2) 增肌与力量训练

增肌和力量训练是另一类常见的健身目标,主要集中在男性消费者和健美爱好者中。增肌消费者的需求包括提高肌肉质量、增强力量和耐力、改善体型等。他们通常选择力量训练、重量训练、CrossFit 等高强度的健身项目,并倾向于使用健身器械和自由重量。此外,专业教练的指导和个性化的训练计划对这一群体来说非常重要。

(3) 塑形与改善体型

塑形和改善体型是许多女性消费者的健身目标。她们希望通过健身来改善身体线条、提高柔韧性、增强核心力量。塑形消费者通常选择普拉提、瑜伽、舞蹈类健身课程等中低强度的健身项目,以上项目能够有效塑造体型,且具有较低的运动风险。

(4) 提高耐力与运动表现

一些消费者的健身目标是提高耐力和运动表现,特别是在运动员或有特定运动目标的人群中。提高耐力的消费者通常选择长跑、游泳、自行车等有氧耐力训练,或结合力量训练和高强度间歇训练来增强体能。对于以上消费者来说,科学的训练计划和专业的运动监测工具是实现目标的关键。

(5) 康复与健康管理

康复与健康管理是老年消费者和有特定健康需求的消费者的主要健身目标。他们的需求包括改善身体功能、预防慢性疾病、康复治疗等。这类消费者通常选择低强度、低冲击的健身项目,如步行、太极拳、轻度力量训练等。此外,专业的康复教练和医学指导对于这一群体至关重要。

6. 消费者需求与偏好的影响因素

消费者的健身需求和偏好受到多种因素的影响,以上因素包括个人背景、心理动机、社会文化、技术发展等[61]。

(1) 个人背景

消费者的年龄、性别、收入、教育水平等个人背景因素对其健身需求和偏好有着显著影响。例如,年轻消费者通常更愿意尝试新兴健身形式,而老年消费者则更注重健身的安全性和舒适性。高收入消费者可能更倾向于选择高端健身俱乐部和定制化服务,而低收入消费者则更注重性价比。

(2) 心理动机

心理动机是消费者健身需求和行为的重要驱动因素。消费者可能因不同的心理动机而选择健身,如自我实现、情感释放、社交需求、压力缓解等。例如,某些消费者选择健身是为了改善自我形象,增强自信心,而另一些消费者可能通过健身来应对焦虑和抑郁。

(3) 社会文化

社会文化环境对消费者的健身需求和偏好也有重要影响。在一些社会文化中,健身被视为一种积极的生活方式和社会地位的象征,这鼓励了更多的消费者参与健身活动。例如,在西方国家,健身文化普遍盛行,健身已成为许多人的日常生活习惯;而在一些发展中国家,健身文化可能尚未完全普及,健身需求相对较低。

（4）技术发展

技术的发展改变了消费者的健身方式和需求。随着智能健身设备、可穿戴设备、虚拟现实和增强现实技术的普及，越来越多的消费者倾向于选择科技化、个性化的健身服务。例如，线上健身平台的兴起使得消费者可以随时随地进行健身训练，这种灵活性和便捷性吸引了大量消费者。

（5）健康意识的提升

随着人们健康意识的提升，越来越多的消费者开始重视健身和健康管理。他们不仅关注身体的锻炼效果，还关注健身对整体健康的影响。这种健康意识的提升促使消费者选择更加科学、安全和全方位的健身方案。

7. 消费者需求与偏好的实际应用案例

为了更好地理解消费者需求与偏好的实际应用，我们可以通过一些案例来分析健身企业如何根据消费者的需求和偏好进行市场细分和精准营销。

案例一：Fitbit 的科技化需求满足

Fitbit 是一家知名的可穿戴设备品牌，通过满足消费者对科技化健身的需求，在市场中获得了成功。Fitbit 的产品结合了运动监测、心率监测、睡眠分析、卡路里消耗计算等功能，满足了消费者对健康数据的需求。通过行为数据分析和个性化建议，Fitbit 帮助消费者更好地实现健身目标。这一案例说明了通过满足消费者的科技化需求，企业可以增强市场竞争力。

案例二：Orangetheory Fitness 的高强度需求定位

Orangetheory Fitness 是一家专注于高强度间歇训练的健身品牌，通过满足消费者对高强度训练的需求，在市场中迅速崛起。Orangetheory Fitness 的目标客户群体是寻求快速、有效的健身方法，且对体能挑战充满兴趣的年轻人。通过提供科学的训练计划、心率监测和团队激励，Orangetheory Fitness 吸引了大量对高强度训练有需求的消费者。这一案例显示了通过精准定位特定健身需求，企业可以在细分市场中获得优势。

案例三：Equinox 的高端市场需求满足

Equinox 是一家高端健身俱乐部，通过满足高收入消费者的个性化和奢华健身需求，成为高端市场的领导品牌。Equinox 提供奢华的健身环境、尖端的健身设备、专业的私人教练服务和定制化的健身计划，满足了高端消费者对服务质量和品牌体验的高要求。此外，Equinox还通过会员活动、社交俱乐部等方式增强客户的忠诚度。这一案例说明了通过满足高端市场的需求，企业可以在竞争激烈的市场中建立强大的品牌地位。

消费者需求与行为分析是健身产业市场细分和精准营销的基础。通过对不同消费群体的需求和偏好的深入分析，企业可以制定更为精准的市场定位策略，开发满足特定需求的产品和服务。无论是通过满足不同年龄、性别、收入水平、生活方式的需求，还是通过满足不同健身目标的需求，健身企业都可以找到市场中的机会，增强市场竞争力[62]。在未来，随着健康意识的提升和技术的发展，消费者需求将变得更加多样化和个性化，企业需要不断优化需求分析和市场策略，以满足消费者的期望，实现可持续发展。

三、市场定位与品牌战略

市场定位与品牌战略是企业在竞争激烈的市场中获得成功的关键。市场定位决定了企业如何在目标市场中塑造独特的形象，并与消费者建立紧密的联系；品牌战略则进一步巩固和扩大这一形象，通过有效的品牌塑造与管理，企业可以在市场中获得持久的竞争优势[63]。

（一）市场定位的基本原则

1. 市场定位的核心概念

市场定位（Market Positioning）是指企业在目标市场中为其产品或服务确立独特地位的过程。这一过程涉及确定目标市场、分析竞争对手、识别消费者需求、制定产品和服务策略，并通过有效的沟通手段在消费者心中形成明确的品牌形象[64]。

市场定位的最终目的是在消费者心中建立一种独特的认知，使其能够清晰地分辨企业的产品或服务，并产生购买动机。成功的市场定位不仅能够帮助企业在市场中脱颖而出，还能增强品牌忠诚度和市场份额。

2. 市场定位的基本原则

市场定位的基本原则是企业在制定定位策略时应遵循的指导方针。以上原则确保企业的定位策略既能够满足市场需求，又能够有效抵御竞争对手的挑战[65]。以下是市场定位的五个基本原则。

(1) 明确的目标市场

市场定位的首要原则是明确目标市场，即企业需要清晰地界定其产品或服务的核心消费群体。这一过程通常通过市场细分来实现，企业根据消费者的年龄、性别、收入水平、生活方式、地域、购买行为等因素，将市场划分为不同的细分市场，并选择最具潜力的市场作为目标市场[66]。明确的目标市场使企业能够集中资源，精准地满足特定消费者群体的需求，从而提高市场营销的效率和效果。

(2) 独特的价值主张

市场定位的核心是独特的价值主张（Unique Value Proposition，UVP），即企业向目标消费者传达的独特价值。这一价值主张通常包括产品或服务的独特功能、优势、品牌精神等。企业应通过对竞争对手的分析和消费者需求的调研，找到市场中尚未被满足的需求点，并通过创新的产品或服务来满足这一需求。独特的价值主张是企业在竞争中脱颖而出的关键，它决定了消费者为什么选择本企业的产品或服务，而不是竞争对手的。

(3) 差异化策略

差异化策略是市场定位中至关重要的原则之一。企业必须在产品、服务、价格、分销渠道、品牌形象等方面与竞争对手形成显著差异，才能在市场中占据有利地位。差异化策略不仅能帮助企业避免陷入价格战，还能提高产品的溢价能力，增强品牌的独特性和竞争力。例如，一些高端健身俱乐部通过提供个性化的健身计划和奢华的健身环境，成功在市场中建立了独特的品牌形象。

(4) 清晰的品牌定位

品牌定位是市场定位的延伸，它涉及如何在消费者心中形成特定的品牌认知。企业应通过品牌名称、标识、口号、广告语等品牌元素，传递清晰的品牌定位，并确保这一定位在所有品牌传播渠道中得到一致体现。清晰的品牌定位有助于消费者快速识别品牌，并在心中形成明确的品牌印象。例如，安踏通过"Keep Moving"的品牌口号，成功传达了积极进取、不断超越的企业文化，形成了强烈的品牌认同感。

(5) 持续性与一致性

市场定位不是一次性的工作，而是一个持续的过程。企业在市场定位过程中需要保持一致性，即在不同的市场活动中传递一致的品牌信息和价值主张。这种一致性有助于增强品牌的信任度和稳定性，避免因信息混乱而导致消费者的认知偏差。此外，企业应根据市场环境和消费者需求的变化，定期审视和调整市场定位，确保其持续适应市场的变化和竞争的挑战。

3. 市场定位的步骤

(1) 市场调研与分析

市场定位的第一步是进行市场调研与分析。企业需要收集和分析目标市场的相关数据，包括市场规模、增长趋势、消费者行为、竞争态势等[67]。这一过程通常涉及定量调研（如问卷调查、市场预测）和定性调研（如深度访谈、焦点小组讨论）等方法。通过市场调研，企业可以了解市场中的机会和挑战，并识别出未被满足的消费者需求。

(2) 市场细分与目标市场选择

在市场调研的基础上，企业需要对市场进行细分，并选择目标市场。市场细分通常基于人口统计特征（如年龄、性别、收入水平等）、地理位置、心理特征（如生活方式、价值观等）和行为特征（如购买习惯、使用频率等）等因素。目标市场选择应基于市场的潜力、竞争态势和企业的资源能力，选择最适合企业发展的细分市场。

(3) 竞争对手分析

在选择目标市场后，企业需要对竞争对手进行深入分析。竞争对手分析包括对主要竞争者的市场定位、产品和服务、品牌形象、市场份额、价格策略、营销手段等的全面评估。通过分析竞争对手的优劣势，企业可以识别出差异化机会，并为自身的市场定位制定针对性的竞争策略。

(4) 价值主张与市场定位策略

在竞争对手分析的基础上，企业需要明确自身的价值主张，并制定市场定位策略。价值主张是企业在市场中获得竞争优势的核心，它应突出企业产品或服务的独特优势，并能够有效满足目标消费者的需求。市场定位策略则涉及如何在市场中塑造独特的品牌形象，并通过整合营销手段向消费者传递这一形象[68]。

(5) 品牌塑造与传播

在确定市场定位策略后，企业需要通过品牌塑造和传播来实现这一定位。品牌塑造包括品牌名称、标识、口号、广告语、包装设计等品牌元素的设计与推广。品牌传播则涉及如何通过广告、社交媒体、公关活动、促销等手段将品牌形象传递给目标消费者。企业应确保品牌传播的内容与市场定位一致，避免信息混乱。

(6) 市场反馈与定位调整

市场定位是一个动态过程，企业需要定期收集市场反馈，并根据市场环境和消费者需求的变化调整定位策略。通过市场反馈，企业可以了解定位策略的效果，识别出市场中的新机会和挑战，并进行相应的调整和优化。

4. 市场定位的案例分析

案例一：华为的高端市场定位

华为公司（HUAWEI）的成功离不开其清晰的高端市场定位。通过产品策略、价格策略、以及品牌形象的建设，成功将其定位为高端、时尚和科技领先的象征。华为通过多维度布局奠定高端地位。产品层面，Mate系列不断突破技术边界，以卓越的芯片性能、领先的影像能力、创新的卫星通信技术，满足高端用户对前沿科技的追求。价格上，维持中高价位，与高端定位匹配。在营销推广时，积极参与国际展会，与高端品牌跨界合作，塑造高端形象。除此之外，华为还通过构建鸿蒙生态，提升用户黏性和忠诚度。凭借这些策略，华为成功切入高端市场，成为国产高端品牌代表，赢得全球消费者认可。

案例二：星巴克的社交第三空间定位

星巴克（Starbucks）的成功在于其独特的"第三空间"市场定位。星巴克将其品牌定位为消费者生活中的"第三空间"，即家庭和工作之外的休闲社交场所。通过温馨的店内环境、友好的服务、独特的咖啡文化，星巴克成功吸引了大量注重品质和社交体验的消费者。星巴克的市场定位不仅帮助其在全球范围内快速扩展，还增强了品牌的忠诚度和市场份额。通过"Starbucks Experience"，星巴克为消费者提供了一个远离喧嚣的休憩之地，成功塑造了其独特的品牌形象。

案例三：宜家的平价时尚定位

宜家（IKEA）通过平价时尚的市场定位，在全球家居市场中取得了巨大成功。宜家将其品牌定位为"平价时尚"的家居品牌，专注于为消费者提供设计精美、价格实惠的家居产品。宜家的市场定位满足了年轻消费者和中低收入群体对时尚、实用家居的需求，使其在竞争激烈的家居市场中占据了重要地位。通过简单易组装的产品设计、平易近人的价格策略和体验式的购物环境，宜家成功塑造了平价时尚的品牌形象，吸引了全球范围内的忠实消费者。

（二）品牌塑造与品牌管理

1. 品牌塑造的核心要素

品牌塑造是企业在消费者心中建立独特品牌形象的过程。这一过程涉及品牌的定位、品牌元素的设计、品牌故事的构建以及品牌传播的实施[69]。成功的品牌塑造不仅能够帮助企业在市场中脱颖而出，还能增强品牌的吸引力和忠诚度。以下是品牌塑造的五个核心要素。

（1）品牌定位

品牌定位是品牌塑造的基础，它决定了品牌在市场中的形象和地位。品牌定位应与企业的市场定位策略一致，清晰地传达品牌的核心价值和独特性。例如，宝马（BMW）的品牌定位是"终极驾驶机器"，这一定位突出了其在豪华汽车市场中的技术领先地位和卓越的驾驶体验。通过清晰的品牌定位，宝马成功在消费者心中建立了高端、性能卓越的品牌形象。

（2）品牌名称与标识

品牌名称和标识是品牌塑造的基本元素，它们是消费者识别品牌的主要符号。一个好的品牌名称应简洁、易记，并能够传达品牌的核心价值。品牌标识则应具有独特性和视觉冲击力，能够在竞争中脱颖而出。例如，耐克（Nike）的"Swoosh"标识简单而富有动感，成功传达了品牌的运动精神和活力。

（3）品牌故事

品牌故事是品牌塑造的重要工具，它通过情感共鸣和价值传递，帮助品牌与消费者建立深层次的联系。一个好的品牌故事应具有真实性、感染力和共鸣感，能够让消费者在情感上与品牌产生共鸣。例如，可口可乐（Coca-Cola）的品牌故事围绕着"分享快乐"这一主题，通过一系列感人的广告和宣传活动，成功将品牌与快乐、友谊和分享的情感联系在一起，增强了品牌的吸引力和忠诚度。

（4）品牌口号

品牌口号是品牌塑造中的重要语言元素，它通常简短有力，能够传达品牌的核心价值和精神。一个好的品牌口号应易记、有感染力，并能够与品牌形象相匹配。例如，麦当劳（McDonald's）的品牌口号"I'm Lovin' It"成功传达了品牌的轻松、愉快和亲切的形象，吸引了全球范围内的消费者。

（5）品牌体验

品牌体验是消费者在接触和使用品牌时的整体感受，包括产品质量、服务体验、购物环境、售后服务等。成功的品牌体验能够增强品牌的吸引力和忠诚度，使消费者在与品牌互动的过程中产生愉悦感和满意度。例如，海尔集团通过贴合用户需求和打造智慧生活等产品创新手段，以及以旧换新升级和个性化定制等贴心服务，成功为广大消费者创造了独特的品牌体验，增强了品牌的忠诚度和市场份额。

2. 品牌管理的战略与工具

品牌管理是指企业通过一系列战略和工具，对品牌进行系统化的规划、实施、监控和调整，以实现品牌的可持续发展。品牌管理的核心目标是增强品牌的市场竞争力和消费者忠诚度，通过有效的品牌管理，企业可以确保品牌形象的一致性、提升品牌的价值和影响力。以下是品牌管理的五个关键战略和工具。

（1）品牌定位战略

品牌定位战略是品牌管理的核心，它决定了品牌在市场中的形象和地位。企业应通过市场调研、竞争分析和消费者洞察，明确品牌的目标市场和核心价值，并制定清晰的品牌定位策略。品牌定位战略应具备前瞻性和灵活性，能够适应市场环境和消费者需求的变化[70]。例如，比亚迪（BYD）通过将品牌定位为"新能源汽车技术创新与多元场景应用的引领者"，成功在全球新能源汽车市场占据重要地位，并吸引了追求科技、环保以及多样化出行体验的广大消费者。

（2）品牌传播战略

品牌传播战略是品牌管理的重要组成部分，它涉及如何通过各种传播渠道向消费者传递品牌信息。品牌传播战略包括广告、公关、社交媒体、内容营销、赞助活动等多种手段，企业应根据品牌定位和目标市场选择最合适的传播渠道和方式。品牌传播战略的核心在于传递一致、清晰、有吸引力的品牌信息，增强品牌的知名度和认同感。例如，耐克（Nike）通过"Just Do It"品牌口号的全球传播，成功塑造了品牌的运动精神和激励人心的形象。

（3）品牌资产管理

品牌资产是品牌管理的核心指标，它指的是品牌为企业带来的附加价值，包括品牌知名度、品牌美誉度、品牌忠诚度等。企业应通过系统化的品牌资产管理，提升品牌的市场价值和消费者认同感。品牌资产管理的关键在于持续监控品牌表现，识别品牌资产的增长机会，并通过品牌延伸、品牌合作、品牌创新等手段增强品牌资产。例如，可口可乐（CocaCola）通过品牌延伸和全球市场推广，成功增强了品牌资产，使其成为全球最有价值的品牌之一。

（4）品牌体验管理

品牌体验管理是品牌管理的核心内容之一，它涉及消费者在接触和使用品牌时的整体感受。企业应通过持续优化产品质量、服务体验、购物环境、售后服务等环节，提升品牌的消费者体验。品牌体验管理的目标是增强品牌的吸引力和忠诚度，使消费者在与品牌互动的过程中产生愉悦感和满意度。例如，小米公司通过创新的产品设计、卓越的用户体验和高效的客户服务，成功为消费者创造了独特的品牌体验，增强了品牌的忠诚度和市场份额。

（5）品牌监测与评估

品牌监测与评估是品牌管理中的重要环节，企业应通过定期的品牌监测和评估，了解品牌在市场中的表现和消费者的反馈。品牌监测的指标通常包括品牌知名度、品牌美誉度、市场份额、消费者满意度等。通过品牌评估，企业可以识别品牌管理中的问题和机会，并及时调整品牌策略，确保品牌的持续增长和发展。例如，百度通过持续的品牌监测和数据分析，及时调整品牌传播策略，确保品牌形象的一致性和市场竞争力。

3. 品牌生命周期管理

品牌生命周期管理是品牌管理中的重要概念，它指的是品牌在市场中的不同发展阶段，从品牌的推出、成长、成熟到衰退，每个阶段都有不同的管理策略和目标[71]。以下是品牌生命周期管理的四个主要阶段。

（1）品牌推出阶段

品牌推出阶段是品牌生命周期的起始阶段，企业的主要目标是通过市场推广和品牌传播，迅速提高品牌的知名度和市场认知度。在这一阶段，企业应重点强调品牌的独特价值和差异化优势，吸引消费者的注意力，并通过促销、广告、社交媒体等手段扩大品牌的影响力。例如，初创企业通常通过创意广告和社交媒体推广来吸引早期用户，并迅速建立品牌知名度。

（2）品牌成长阶段

品牌成长阶段是品牌知名度逐渐提高、市场份额不断扩大的阶段。在这一阶段，企业的目标是通过持续的市场推广和品牌管理，进一步增强品牌的美誉度和忠诚度。企业应通过品牌延伸、产品线扩展、市场拓展等手段，扩大品牌的市场覆盖面，并通过差异化策略巩固品牌的市场地位。例如，淘宝在品牌成长阶段，一方面不断丰富业务类型，从最初的C2C网络购物平台，拓展到B2C模式的天猫商城，还增加了淘宝直播等新兴业务，实现产品多元化；另一方面积极开拓市场，不仅深入国内下沉市场，还逐步布局东南亚等海外市场。通过一系列不断优化的举措，淘宝成功提升了品牌的市场影响力与竞争力。

（3）品牌成熟阶段

品牌成熟阶段是品牌知名度和市场份额达到高峰的阶段。在这一阶段，品牌的市场竞争力和消费者忠诚度相对稳定，企业的目标是通过品牌维护和优化，延长品牌的生命周期。企业应通过持续的品牌创新、产品升级、品牌合作等手段，保持品牌的市场活力和吸引力，并防止品牌的衰退。例如，苹果公司通过持续的产品创新和品牌管理，成功在品牌成熟阶段保持了品牌的市场竞争力和用户忠诚度。

（4）品牌衰退阶段

品牌衰退阶段是品牌市场份额和影响力逐渐下降的阶段。这一阶段通常由于市场饱和、竞争加剧、消费者需求变化等原因导致。企业在品牌衰退阶段的目标是通过品牌重塑、产品革新、市场再定位等手段，延缓品牌的衰退或重新激活品牌。例如，柯达（Kodak）在面临数码影像技术的冲击时，通过品牌重塑和技术革新，试图重新激活品牌，适应新的市场需求。

4. 品牌延伸与品牌危机管理

品牌延伸和品牌危机管理是品牌管理中的两个重要方面，它们分别涉及品牌的扩展策略和品牌在危机中的应对措施。

（1）品牌延伸

品牌延伸是指企业在已有品牌的基础上，推出新的产品或服务，以拓展品牌的市场覆盖面和增加品牌的市场份额。品牌延伸可以分为同类产品延伸和跨类产品延伸。同类产品延伸是指在现有产品线中增加新的产品种类，如百事可乐推出不同口味的碳酸饮料。跨类产品延伸则是指在新的产品类别中引入现有品牌，如苹果公司从电脑延伸到手机、平板和智能手表。品牌延伸的成功取决于品牌的知名度、美誉度和消费者对品牌的信任感。例如，维珍集团（Virgin Group）通过将品牌延伸到航空、音乐、通信等多个领域，成功建立了跨行业的品牌影响力。

（2）品牌危机管理

品牌危机管理是指企业在面临品牌形象受损或市场危机时，采取的一系列应对措施，以保护品牌的声誉和市场地位。品牌危机通常由产品质量问题、服务缺陷、市场丑闻等引发，企业应通过及时的危机公关、透明的沟通、积极的整改措施，尽量减少品牌危机对企业的负面影响[72]。例如，海底捞在2017年的"后厨老鼠事件"曝光后，凭借快速的危机公关处理、真诚透明的沟通以及切实有效的整改措施，成功降低了品牌危机带来的负面影响。事件发生后，海底捞迅速发布道歉声明，诚恳承认问题，不推诿责任。同时，向公众展示了全面且详细的整改计划，后续还持续公开整改进度，接受消费者监督。海底捞此次应对危机的核心在于快速响应、诚实沟通和切实行动，有效维护了品牌声誉，逐步赢回消费者信任，最大限度地保护了品牌的长期价值。

5. 品牌管理的案例分析

案例一：可口可乐的全球品牌管理

可口可乐是全球最知名的品牌之一，其品牌管理的成功在于统一的品牌形象和全球化的品牌传播战略。可口可乐通过清晰的品牌定位和独特的品牌故事，将品牌与"快乐、分享、友谊"的情感价值联系在一起，赢得了全球范围内消费者的喜爱。此外，可口可乐通过持续的品牌创新、品牌延伸和市场推广，保持了品牌的市场活力和竞争力。通过对品牌资产的有效管理，可口可乐成为全球最有价值的品牌之一。

案例二：耐克的品牌创新与管理

耐克的品牌管理成功在于其卓越的品牌创新和精细的品牌管理。耐克通过"Just Do It"的品牌口号，成功将品牌与运动精神和激励人心的价值联系在一起，建立了强烈的品牌认同感。耐克通过不断的产品创新、市场推广和品牌合作，保持了品牌的领先地位。此外，耐克通过精准的品牌定位和差异化策略，成功吸引了全球范围内的运动爱好者和时尚消费者，增强了品牌的市场竞争力和忠诚度。

案例三：宜家的品牌延伸与管理

宜家通过品牌延伸和全球品牌管理，在家居市场中取得了巨大成功。宜家将品牌延伸到不同的家居产品线，包括家具、家装、家居用品等，并通过平价时尚的市场定位和体验式购物环境，吸引了全球范围内的消费者。宜家的品牌管理成功在于其统一的品牌形象、全球化的品牌传播和持续的产品创新。此外，宜家通过有效的品牌监测和评估，及时调整品牌策略，确保品牌的持续增长和市场竞争力。

市场定位与品牌战略是企业在竞争激烈的市场中获得成功的关键。通过明确的市场定位，企业可以在目标市场中塑造独特的品牌形象，增强品牌的吸引力和市场竞争力。品牌塑造与品牌管理则进一步巩固和扩大这一形象，通过有效的品牌塑造和管理，企业可以在市场中获得持久的竞争优势。在未来，随着市场环境的变化和消费者需求的多样化，企业需要不断优化市场定位和品牌管理策略，以适应市场的挑战和机遇，实现可持续发展。

第三章　竞争战略的制定与实施

一、成本领先战略

成本领先战略是健身产业中常见的一种竞争策略，通过降低运营成本、优化资源配置，健身企业能够在市场中提供相对低廉的产品或服务，从而获得竞争优势[73]。此战略在健身行业中尤其适用于价格敏感的消费者群体和高度竞争的市场环境。

（一）成本领先战略的定义与意义

在健身产业中，成本领先战略意味着企业通过有效的成本管理，提供比竞争对手更低价的健身服务或产品。这种策略尤其适合那些希望吸引价格敏感的消费者，或在激烈的市场竞争中保持价格优势的健身企业。

对于健身企业而言，成本领先战略的意义在于通过降低成本，增加价格灵活性，使企业能够在价格战中保持竞争力，并通过规模经济和资源优化提升盈利能力和市场占有率[74]。例如，大型连锁健身房可以通过标准化的设施和服务、规模化的采购以及高效的运营管理，实现低成本运营，从而在竞争激烈的市场中提供更具吸引力的价格。

（二）成本控制与优化

在健身产业中，成本控制与优化是实现成本领先战略的关键环节。健身企业可以通过以下三种策略来提升整体运营效率。

1. 降低生产、运营和服务成本

（1）运营成本控制

健身企业的运营成本主要包括设施维护、员工薪酬、能源消耗等方面的支出。通过有效的成本控制，企业可以在保持服务质量的同时，降低运营成本。

（2）设施与设备的优化

通过优化健身设备的使用率和维护流程，企业可以减少设备折旧和维修成本。例如，通过定期的设备检查和维护，可以延长设备的使用寿命，降低频繁更换设备的成本。此外，企业还可以通过采购高效节能设备，减少能源消耗，从而降低长期运营成本。

（3）人力资源优化

通过合理安排员工工作时间、优化薪酬结构，企业可以降低人力成本。例如，企业可以通过引入自动化管理系统，减少对前台人员的需求，或者通过培训多技能员工，使他们能够在多个岗位工作，从而降低人力资源支出。

（4）高效的能源管理

在健身房运营中，能源成本（如电费、水费）通常占据较大比例。通过引入智能能源管理系统，企业可以优化照明、空调和其他电器设备的使用时间，降低能源消耗。例如，使用感应式照明和节能型空调设备，可以有效减少能源支出。

2. 规模经济与采购成本降低

通过扩大业务规模，健身企业可以在采购设备、物资和服务时获得更低的价格，从而降低单位成本，实现规模经济。

（1）集约化采购

健身连锁企业可以通过集中采购设备、运动服装和补给品，获得供应商的批量折扣，降低采购成本。例如，大型健身连锁品牌可以与设备供应商达成长期合作协议，以更低的价格采购设备和维护服务，从而在整体上降低运营成本。

（2）标准化运营

通过在所有门店实施标准化的运营流程和管理系统，企业可以提高运营效率，降低管理成本。标准化运营不仅有助于保持一致的服务质量，还能通过规模效应降低整体成本。例如，标准化的课程设计和时间表可以简化管理流程，降低人力和管理成本。

3. 物流与供应链优化

健身产业的物流与供应链管理主要涉及设备、食品补给品和健身服装等的供应。通过优化以上环节，企业可以显著降低成本。

（1）优化物流流程

通过选择最优的供应链合作伙伴、优化运输路线和库存管理，企业可以减少物流成本。例如，健身企业可以与本地供应商合作，缩短运输距离，降低运输费用，同时减少库存积压，提高资金周转率。

（2）供应链整合与合作

企业与供应商建立紧密的合作关系，进行供应链整合，可以进一步降低成本。例如，企业可以与健身器材制造商合作，定制适合自身业务需求的设备，以降低采购和维护成本。此外，通过合作开发新产品，企业还可以获得定制化服务和价格优惠。

（三）规模经济与范围经济在健身产业中的应用

规模经济和范围经济在健身产业中起着至关重要的作用。通过规模经济，健身企业能够降低单位成本，提高市场竞争力；通过范围经济，企业可以通过资源共享和业务多元化，提升整体运营效率。

1. 规模经济的应用

（1）固定成本分摊

随着健身企业规模的扩大，固定成本（如租金、管理费用）可以在更多的会员上分摊，从而降低单位服务成本。例如，大型连锁健身房可以通过扩大会员基础，分摊固定成本，降低每位会员的服务成本。

（2）采购成本降低

通过扩大规模，健身企业可以在采购健身设备、补给品等方面获得更优惠的价格，从而降低整体采购成本。例如，连锁健身品牌通过批量采购高端健身器材，不仅可以获得价格折扣，还能通过集中维护降低设备管理成本。

（3）效率提升

随着规模的扩大，健身企业可以通过优化运营流程、提高员工效率和设备利用率，进一步降低运营成本。例如，通过实施自动化的会员管理系统，企业可以减少对前台人员的需求，提升整体运营效率。

2. 范围经济的应用

范围经济在健身产业中的应用体现在业务多元化和资源共享方面。

（1）业务多元化

通过在健身服务之外扩展其他相关业务，企业可以实现范围经济。例如，健身企业可以在其业务中加入营养咨询、健身服装销售、健康餐饮等附加服务，通过共享资源和客户基础，降低整体运营成本。例如，一些高端健身俱乐部通过开设健康餐厅和运动用品商店，形成多元化收入来源，同时降低单一业务的成本压力。

（2）资源共享

通过在多个业务线之间共享资源，如教练团队、营销渠道、管理系统等，企业可以降低整体成本。例如，一些健身连锁企业通过共享教练和课程设计资源，在不同门店之间实现培训和运营的协同效应，降低了整体人力和培训成本。

3. 成功案例分析

在健身产业中，许多企业通过规模经济和范围经济实现了成本领先战略，以下是两个成功的案例。

案例一：Planet Fitness 的规模经济

Planet Fitness 是美国知名的低成本健身连锁品牌，通过规模经济实现了显著的成本优势。该品牌通过在全美范围内开设大量低价健身房，分摊了固定成本，并通过标准化运营降低了管理费用。同时，Planet Fitness 的集约化采购和大规模会员管理系统，进一步降低了运营成本，使其在市场中占据了低价位市场的主导地位。

案例二：Equinox 的范围经济

Equinox 是高端健身俱乐部的代表，通过业务多元化和资源共享实现了范围经济。除了高端健身服务，Equinox 还提供私人教练、营养咨询、健康餐饮等多元化服务，形成了综合健康管理的商业模式。通过共享教练资源、营销渠道和客户基础，Equinox 成功降低了整体运营成本，同时提升了客户满意度和品牌忠诚度。

（四）成本领先战略的挑战与应对

尽管成本领先战略为健身企业提供了显著的竞争优势，但在实施过程中，企业也面临诸多挑战。

1. 成本控制与服务质量的平衡

在追求成本领先的过程中,企业可能会过度关注成本控制,而忽视了服务质量的提升。过度削减成本可能导致健身设施的老化、服务水平的下降,从而影响会员的满意度和品牌声誉。

企业应在成本控制与服务质量之间寻求平衡,通过精益管理方法,在降低成本的同时保持高质量的服务。例如,企业可以通过技术升级和自动化管理,降低运营成本,同时提高客户服务质量,避免因为过度削减成本而影响会员体验。

2. 规模经济的局限性

规模经济的优势通常在市场成熟、需求稳定的情况下表现得尤为明显。然而,当市场环境发生变化,需求波动较大时,企业可能会面临规模经济的局限性,导致运营效率下降或设施利用率降低。

企业应通过灵活的运营策略,降低规模经济的局限性。例如,企业可以通过引入按需服务模式,如会员的灵活定价和预约系统,优化健身设施的利用率,减少因市场需求波动导致的运营成本上升。

3. 范围经济的复杂性

在实现范围经济的过程中,企业可能面临资源整合、管理复杂性增加、跨部门协同难度加大等问题。范围经济的实现需要企业在多个业务领域之间进行有效的资源共享和协同,这对管理能力提出了较高的要求。

企业应通过加强跨部门协作、优化组织结构、实施信息化管理系统等手段,提升范围经济的管理效率。例如,企业可以通过建立跨部门的项目管理团队、引入ERP系统,实现资源共享和协同管理,降低范围经济的复杂性。

4. 价格战的风险

在实施成本领先战略的过程中,企业可能会陷入价格战的风险。价格战通常导致利润率下降、市场竞争加剧,甚至可能引发行业内的恶性竞争。

企业应通过差异化策略和品牌建设,避免陷入价格战。例如,健身企业可以通过提升附加值,如提供优质的会员服务、个性化的健身指导,增强品牌吸引力,从而避免单纯的价格竞争。

5. 市场环境的变化

市场环境的变化，如原材料价格波动、劳动力成本上涨、政策法规变化等，可能对企业的成本领先战略产生不利影响。尤其在健身产业中，行业政策、健康趋势和消费者偏好的变化对市场环境的影响较大。

企业应通过风险管理和灵活应对策略，降低市场环境变化带来的不利影响。例如，健身企业可以通过多元化采购、建立战略储备、加强政策研究等方式，降低市场环境变化对成本的冲击。同时，企业应保持市场敏感性，及时调整战略应对市场变化。

（五）成本领先战略在不同健身市场中的适用性

成本领先战略并非在所有健身市场中都适用，企业在选择和实施成本领先战略时，需要考虑市场环境的特点和竞争态势。

1. 成熟市场中的成本领先战略

在成熟市场中，消费者对价格的敏感度较高，市场竞争激烈，产品和服务的同质化程度较高。健身企业通过成本领先战略，可以在价格竞争中占据优势，吸引价格敏感的消费者，扩大市场份额。

在成熟的健身市场中，成本领先战略适用于那些市场份额较大、价格竞争激烈的细分市场。例如，大型连锁健身房通过提供标准化、低价的健身服务，可以吸引大量注重性价比的消费者，从而维持市场竞争力。

2. 新兴市场中的成本领先战略

在新兴市场中，消费者对价格的敏感度相对较高，同时对产品质量和品牌的关注度也在不断提升。健身企业通过成本领先战略，可以快速占领市场，吸引大量初次购买的消费者。

在新兴健身市场中，成本领先战略适用于那些市场发展潜力大、竞争尚未完全饱和的地区或人群。例如，一些健身品牌在新兴城市或新开发的社区中，通过提供高性价比的健身服务，迅速扩大市场份额，并建立品牌知名度。

3. 高端市场中的成本领先战略

在高端市场中，消费者对价格的敏感度较低，更加关注产品的品质、品牌形象和服务体验。成本领先战略在高端健身市场中的适用性较低，企业更适合通过差异化战略和品牌战略获取竞争优势。

在高端健身市场中，成本领先战略不适用于那些注重品牌溢价和个性化服务的细分市场。例如，高端健身俱乐部和私人健身教练服务，通过提供定制化、个性化的高端服务，来吸引高收入、注重品质的消费者。

成本领先战略在健身产业中为企业提供了显著的竞争优势，特别是在价格敏感的市场和高度竞争的环境中。通过有效的成本控制与优化、实现规模经济和范围经济，健身企业可以降低运营成本，从而在价格竞争中占据有利地位。然而，实施成本领先战略也面临着平衡成本与服务质量、应对市场变化等挑战。企业需要在战略制定和实施过程中，充分考虑市场环境的特点和自身的资源能力，灵活调整策略，确保在市场中保持持续的竞争优势和可持续发展。

二、差异化战略

差异化战略在健身产业中扮演着重要角色。随着市场竞争的加剧和消费者需求的多样化，健身企业必须通过独特的产品和服务，在市场中形成差异化优势，以吸引并留住客户[75]。

（一）差异化的实现途径

在健身产业中，差异化战略的实现途径主要包括产品与服务的创新、品牌塑造、客户体验优化等。以下是具体的实现途径：

1. 产品

（1）产品差异化

在健身产业中，产品差异化是指通过提供独特的健身设备、训练课程或数字化解决方案，使企业的产品在市场中与众不同。

（2）定制化健身设备

通过开发专为不同人群设计的定制化健身设备，企业可以满足特定消费者的需求。例如，一些高端健身品牌推出了智能健身器材，以上设备可以根据用户的身体数据和健身目标，自动调整训练强度和模式，为用户提供个性化的健身体验。

（3）创新课程设计

通过引入新的健身课程或训练模式，企业可以吸引那些寻求新鲜感和挑战的消费者。例如，结合虚拟现实技术的沉浸式健身课程，使用户在虚拟环境中进行训练，提供了前所未有的健身体验，形成了显著的差异化优势。

（4）数字化解决方案

数字化产品的创新为健身产业带来了新的差异化机会。通过开发健身应用程序或在线平台，企业可以为用户提供随时随地的健身指导和跟踪。例如，Peloton 通过其联网的动感单车和线上直播课程，打破了传统健身房的限制，形成了强大的市场竞争力。

2. 服务

（1）服务差异化

在健身产业中，服务差异化可以通过提升客户服务质量、提供个性化服务和优化会员体验来实现。

（2）个性化健身计划

通过为每位会员量身定制健身计划，健身企业可以在竞争中脱颖而出。这种服务通常结合了用户的身体数据、健康目标和生活方式，使用户感受到专业性和关怀，从而提高客户忠诚度。例如，一些高端健身俱乐部提供私人教练服务，专门根据客户的需求制订训练和饮食计划。

（3）高端会员服务

为会员提供高端、专属的服务是实现差异化的有效途径。例如，Equinox 等高端健身俱乐部通过提供豪华设施、专业指导和专属活动，吸引了愿意为优质服务支付高价的客户群体。

（4）无缝的客户体验

通过整合线上和线下服务，提供无缝的客户体验，健身企业可以提升用户满意度。例如，企业可以通过健身 App 提供在线预约、实时课程预订、个性化训练记录等功能，使会员在整个服务过程中都能享受到便捷和高效的体验。

3. 品牌

（1）品牌差异化

品牌差异化在健身产业中尤为重要，强大的品牌能够在高度竞争的市场中占据有利地位。

(2) 健康生活方式的倡导

通过将品牌与健康、活力的生活方式联系在一起，健身企业可以形成独特的品牌形象。例如，特步以"爱跑步，爱特步"为理念，积极倡导健康、活力的跑步生活方式。通过举办各类跑步赛事，鼓励大众参与跑步运动，传递积极向上的生活态度。同时，特步持续推出专业跑步装备，助力广大跑步爱好者提升运动表现，让品牌不仅仅是运动装备的提供者，更成为健康生活方式的象征。

(3) 社群与文化的建立

通过建立会员社群和品牌文化，健身企业可以增强用户的品牌认同感。例如，CrossFit通过其全球社群和赛事体系，成功将其品牌打造成了一种全球健身文化，吸引了大量忠实的追随者。

(4) 情感营销与品牌故事

通过讲述与消费者产生共鸣的品牌故事，企业可以加深品牌在消费者心中的印象。例如，很多健身品牌通过分享会员的成功故事，传递品牌的正能量和关怀，提升品牌的吸引力和忠诚度。

4. 渠道

(1) 渠道差异化

渠道差异化是健身企业扩大市场覆盖面并接触不同消费群体的关键途径。渠道差异化对于健身企业意义重大。一方面，可根据不同地域、消费层次布局线下门店，借助在星级酒店设立健身房经验，在高端商圈设豪华店，社区周边设亲民店；另一方面，利用线上平台拓展市场，与社交媒体、电商平台合作，拓宽获客渠道，精准触达不同消费群体，提升品牌影响力与市场份额。

(2) 线上健身平台的拓展

通过开发和推广线上健身平台，企业可以吸引那些希望在家中或出差时保持健身习惯的消费者。例如，新冠疫情期间，许多健身品牌迅速推出了线上课程和直播训练，吸引了大量用户，并在市场中形成了新的竞争优势。

(3) 多样化的会员招募渠道

通过多样化的会员招募渠道，如企业合作、社区推广、社交媒体营销等，健身企业可以吸引不同背景和需求的消费者。例如，一些健身品牌通过与企业合作，为员工提供公司健身福利，从而扩大了会员基础。

（4）创新的线下体验店

通过开设创新的线下体验店，企业可以为消费者提供独特的品牌体验。例如，一些健身品牌在购物中心或商业区开设体验店，让消费者亲身体验新产品和课程，从而增强品牌影响力。

5．技术与创新

（1）技术与创新差异化

技术创新为健身产业带来了新的增长动力，通过技术创新，企业可以显著提升客户体验并形成差异化竞争优势。

（2）智能设备与数据分析

通过引入智能健身设备和数据分析工具，企业可以为用户提供精准的健身指导和反馈。例如，可穿戴设备如 Fitbit 和智能手环，可以实时监测用户的健康数据，并提供个性化的建议，帮助用户优化训练效果。

（3）虚拟现实（VR）与增强现实（AR）技术

通过应用 VR 和 AR 技术，企业可以为用户提供沉浸式的健身体验。例如，用户可以通过 VR 技术参加虚拟的健身课程或在虚拟环境中进行跑步和骑行，这种创新体验增强了健身的趣味性和吸引力。

（4）人工智能与个性化服务

通过人工智能技术，企业可以为用户提供更加个性化的服务。例如，一些健身 App 利用人工智能算法，根据用户的运动数据和偏好，自动生成个性化的训练计划和营养建议，帮助用户更有效地达成健身目标。

（二）产品与服务的创新

在健身产业中，产品与服务的创新是企业实现差异化战略的核心驱动力。创新不仅能够满足消费者不断变化的需求，还能够为企业带来持续的市场竞争力。

1．产品创新在健身产业中的应用

产品创新是指企业通过研发和改进，推出新的健身产品或升级现有产品，以满足市场需求并在竞争中保持领先地位。以下是健身产业中常见的产品创新类型。

(1) 智能健身设备

智能健身设备是近年来健身产业的主要创新领域之一。通过将物联网技术和传感器集成到传统健身器材中，企业可以为用户提供更丰富的功能和更好的用户体验。例如，智能跑步机可以监测用户的跑步姿势、心率和卡路里消耗，并通过 App 提供实时反馈和训练建议。

(2) 虚拟健身平台

虚拟健身平台通过提供在线课程和虚拟教练，打破了时间和空间的限制，使用户可以随时随地进行健身训练。例如，Peloton 通过其联网动感单车和虚拟教练课程，成功建立了一个全球化的健身社区，为用户提供了高度个性化的训练体验。

(3) 功能性健身服装与装备

通过采用高科技材料和先进的设计，企业可以推出功能性健身服装和装备，提升用户的运动表现和舒适度。例如，一些健身品牌推出的压缩服装，通过提高肌肉支撑和血液循环，帮助运动员在训练中达到更好的效果。

2. 服务创新在健身产业中的应用

服务创新是指企业通过改进和优化服务流程、提升服务质量，为用户提供更好的健身体验，从而在市场中形成差异化竞争优势。

(1) 个性化教练服务

通过提供个性化教练服务，企业可以满足不同用户的独特需求，增强客户的满意度和忠诚度。例如，一些健身俱乐部为每位会员分配专属教练，根据用户的健康状况、运动目标和生活习惯，制订个性化的训练和饮食计划。

(2) 会员管理与激励机制

通过创新的会员管理和激励机制，企业可以提升用户的参与度和黏性。例如，一些健身 App 通过积分系统、挑战赛和社交互动，鼓励用户持续使用和分享，从而增强用户的参与感和归属感。

(3) 综合健康管理服务

通过提供包括营养咨询、心理支持、康复训练在内的综合健康管理服务，企业可以为用户提供全方位的健康支持。例如，一些高端健身中心通过整合医疗资源，为会员提供健康体检、营养咨询和康复训练等服务，帮助用户实现更全面的健康管理目标。

3. 产品与服务创新的成功案例

以下是健身产业中产品与服务创新的成功案例，案例展示了如何通过创新实现差异化战略，并在竞争激烈的市场中取得成功。

案例一：Peloton 的虚拟健身革命

Peloton 通过其联网动感单车和虚拟教练课程，成功引领了虚拟健身的潮流。Peloton 的产品创新在于将高品质的健身课程与智能设备相结合，用户可以在家中享受与健身房相媲美的训练体验。通过提供丰富的课程选择、实时互动和全球化的社区支持，Peloton 形成了强大的品牌忠诚度和市场影响力。

案例二：Lululemon 的功能性健身服装

Lululemon 通过其创新的功能性健身服装，成功打造了一个高端运动品牌。Lululemon 的产品创新体现在对高科技材料的使用和设计上的精益求精。服装不仅舒适耐用，还能提升用户的运动表现。Lululemon 通过其产品差异化战略，吸引了大量注重运动品质的消费者，成为全球知名的健身服装品牌。

案例三：Equinox 的全方位健康管理服务

Equinox 是一家高端健身俱乐部，通过提供综合健康管理服务，成功在高端市场中形成了差异化竞争优势。Equinox 不仅提供高品质的健身设施和课程，还整合了营养咨询、心理支持、健康监测等服务，为会员提供全方位的健康支持。通过服务创新，Equinox 吸引了大量高收入客户，并在全球范围内建立了卓越的品牌形象。

在健身产业中，差异化战略是企业在竞争激烈的市场中获取竞争优势的有效途径。通过产品与服务的创新、品牌塑造、客户体验优化等多方面的努力，健身企业可以在市场中形成独特的竞争优势，吸引并留住客户。随着消费者需求的不断变化和市场环境的动态发展，健身企业需要持续创新，不断优化差异化战略，以实现长期的市场成功。

三、集中化战略

集中化战略是企业将资源集中于特定的细分市场,以满足该市场的特殊需求,从而获得竞争优势的战略。与成本领先和差异化战略不同,集中化战略专注于某一特定的市场区域、产品类别或客户群体,通过提供针对性强的产品或服务来实现市场竞争力[76]。在健身产业中,集中化战略通常用于应对特定的消费需求,满足特定人群的健身需求,从而在竞争激烈的市场中建立稳固的市场地位。

(一)细分市场的选择与定位

在实施集中化战略时,选择合适的细分市场是成功的关键。健身产业的细分市场通常依据消费者的年龄、性别、生活方式、健康状况、健身目标等因素进行划分。企业通过深入了解各细分市场的需求特点,选择最适合自身资源与能力的市场进行定位,从而最大化资源的使用效率并提升市场竞争力。

1. 细分市场的选择

细分市场的选择涉及对市场规模、增长潜力、竞争态势和企业资源的综合分析[77]。以下是健身产业中常见的细分市场及其选择依据。

(1)年龄群体细分

根据年龄划分,健身市场可以分为年轻人市场、中年人市场和老年人市场。每个年龄段的消费者在健身需求上都有显著差异。例如,年轻消费者通常更关注塑形、增强体能,而老年消费者则更注重健康维护和功能性训练。企业可以选择专注于某一年龄段的细分市场,并开发针对性强的产品和服务。

(2)性别群体细分

性别也是影响健身需求的重要因素。男性消费者通常倾向于力量训练和高强度的体能训练,而女性消费者更关注塑形、有氧运动和柔韧性训练。通过专注于某一性别群体,企业可以提供更具针对性的健身课程和服务。

(3)生活方式与职业群体细分

根据生活方式和职业进行细分,企业可以针对不同的消费群体提供定制化服务。例如,针对工作繁忙的白领人群,健身企业可以提供灵活的时间安排、短时高效的健身课程和线上线下结合的健身服务。而针对注重健康生活方式的人群，企业可以提供综合健康管理服务，包括营养指导、心理健康支持和个性化健身计划。

（4）健康状况与健身目标细分

根据消费者的健康状况和健身目标进行细分，企业可以针对不同需求提供专业的健身服务。例如，针对需要康复训练的消费者，健身企业可以开设康复专用的训练课程，提供专业的指导和设备。对于有特定健身目标的消费者，如马拉松训练或减肥计划，企业可以提供高度定制化的训练方案。

2. 细分市场的定位

在确定了目标细分市场后，企业需要进行市场定位，以便在该细分市场中建立明确的品牌形象和竞争优势。市场定位的关键在于清晰传达企业在特定细分市场中的独特价值主张[78]。以下是四种常见的市场定位策略。

（1）专业化定位

通过提供高度专业化的服务，企业可以在细分市场中建立权威地位。例如，一些健身企业专注于运动员的高性能训练，提供专门的设施和教练团队，为职业运动员和高级健身爱好者提供定制化的训练服务，从而在市场中树立专业形象。

（2）个性化服务定位

通过提供个性化的健身服务，企业可以在细分市场中建立独特的客户关系。例如，针对老年人群体的健身俱乐部，可以提供个性化的健康评估和训练计划，关注客户的长期健康目标，并通过定期的健康跟踪服务提升客户满意度和忠诚度。

（3）高端定位

在高端细分市场中，企业可以通过提供优质的设施、个性化的服务和高端的品牌体验来吸引高收入客户。例如，高端健身俱乐部 Equinox 通过其豪华设施、顶级教练和全面的健康管理服务，成功定位于高端市场，吸引了大量愿意支付高额会费的会员。

（4）社区与文化定位

通过建立强大的社区和文化归属感，企业可以在细分市场中建立深厚的客户忠诚度。例如，CrossFit通过其全球性的社群文化和激励机制，成功将品牌定位为不仅仅是健身，而是一种积极向上的生活方式，吸引了大量忠实的用户群体。

（二）集中化战略的实施

在选择和定位了细分市场后，企业需要有效地实施集中化战略，以确保资源的有效利用并最大化市场机会。集中化战略的实施包括产品与服务的开发、营销与推广策略以及客户关系管理等方面。

1. 产品与服务的开发

针对特定细分市场开发产品和服务，是集中化战略成功实施的基础。企业应根据目标市场的需求特点，开发差异化的健身产品和服务。

（1）定制化健身课程

根据目标市场的需求特点，开发定制化的健身课程。例如，针对中老年群体，企业可以开发低强度、低冲击的健身课程，如太极拳、瑜伽、平衡训练等。以上课程不仅有助于增强体能，还能有效预防常见老年疾病。

（2）专属健身设施与设备

为满足特定细分市场的需求，企业可以提供专属的健身设施和设备。例如，针对职业运动员的健身中心，可以配备高端的力量训练设备和专业的运动分析仪器，帮助用户提升训练效果。

（3）增值服务

提供与健身相关的增值服务，如营养咨询、康复理疗、心理健康支持等，可以增强客户体验，并增加客户忠诚度。例如，高端健身俱乐部可以提供私人营养师和心理咨询师服务，为会员提供全方位的健康支持。

2. 营销与推广策略

成功的集中化战略需要有效的营销与推广策略，以吸引和留住目标市场的客户群体。以下是三种适合健身产业的推广策略。

（1）精准营销

通过使用数据分析和市场调研，企业可以精确定位目标客户群体，并制定有针对性的营销策略。例如，企业可以通过社交媒体广告定位特定的年龄段或健康需求，吸引潜在客户的关注。

(2) 口碑营销与推荐计划

在健身产业中，口碑是非常重要的推广工具。通过提供卓越的客户服务和优质的健身体验，企业可以鼓励现有会员推荐新会员。例如，提供会员推荐奖励计划，可以有效提高会员推荐率，扩大客户基础。

(3) 社群活动与品牌文化推广

通过组织社群活动和推广品牌文化，企业可以增强客户黏性，并吸引更多志同道合的消费者。例如，健身企业可以定期组织户外健身活动、健康讲座或社区跑步赛，增强会员之间的互动，提升品牌的社区影响力。

3. 客户关系管理

在集中化战略中，客户关系管理是企业成功的重要因素。通过有效的客户关系管理，企业可以提高客户满意度和忠诚度，增加客户的终身价值。

(1) 个性化服务与关怀

通过提供个性化服务和定期关怀，企业可以增强客户的归属感。例如，企业可以为会员提供个性化的生日祝福、健身进度报告和健康建议，增强客户体验。

(2) 会员管理与保留策略

通过使用先进的会员管理系统，企业可以跟踪会员的健身进度和参与度，并采取相应的保留策略。例如，对于长期未使用服务的会员，企业可以通过发送提醒信息或提供特别优惠，鼓励他们回归健身计划。

(3) 客户反馈与改进机制

通过收集客户反馈，企业可以及时改进服务质量，满足客户的需求。例如，企业可以定期进行会员满意度调查，并根据反馈调整课程设置和服务内容，从而提高客户满意度和忠诚度。

在健身产业中，集中化战略为企业提供了在特定细分市场中取得竞争优势的机会。通过选择合适的细分市场、进行精准定位，并有效实施集中化战略，健身企业可以在竞争激烈的市场中脱颖而出，满足特定消费者的需求，建立稳固的市场地位。随着市场需求的不断变化，企业需要持续关注目标市场的动态，调整策略，确保集中化战略的长期成功。

第四章 健身俱乐部的运营与管理

一、健身俱乐部的组织结构与管理模式

在健身产业的竞争环境中,健身俱乐部的成功运营依赖于高效的组织结构和科学的管理模式。通过合理的组织结构设计与优化,健身俱乐部可以确保各部门高效协作,提升整体运营效率。而通过完善的管理模式与管理流程,俱乐部可以实现服务质量的提升、客户体验的优化,以及企业目标的达成[79]。

(一)组织结构设计与优化

健身俱乐部的组织结构设计直接影响到其运营效率和服务质量。一个合理的组织结构能够帮助健身俱乐部明确职责分工、优化资源配置、提升管理效率。

1. 组织结构的基本类型

健身俱乐部的组织结构通常分为几种主要类型:功能型组织结构、事业部型组织结构、矩阵型组织结构等。每种结构类型都有其独特的优点和适用场景,健身俱乐部应根据自身的规模、业务复杂性和管理需求选择合适的组织结构[80]。

(1)功能型组织结构

功能型组织结构是最常见的组织形式,按功能部门划分,如市场部、运营部、财务部、人力资源部等。在健身俱乐部中,功能型组织结构通常适用于中小型俱乐部,因其层级分明、职责明确,有助于提高管理效率和专业性。例如,市场部负责会员招募和推广,运营部负责日常的设施管理和课程安排,财务部负责预算和成本控制等。

（2）事业部型组织结构

事业部型组织结构通常适用于业务多元化或区域扩展较大的健身俱乐部。事业部按产品线或地理区域划分，每个事业部具有独立的运营权利和责任。例如，大型连锁健身俱乐部可以按照不同的城市或地区设置事业部，或根据不同的服务类型（如高端私人教练服务、团体课程等）设置事业部。这样，每个事业部可以灵活应对当地市场需求或特定业务的挑战。

（3）矩阵型组织结构

矩阵型组织结构结合了功能型和事业部型的优点，员工同时接受功能部门经理和项目经理的双重管理。在健身俱乐部中，矩阵型结构通常用于需要跨部门协作的复杂项目或大型活动。例如，俱乐部可以成立一个跨部门团队，负责一个新的健身课程项目的推广，该团队成员可能来自市场部、运营部和教练团队，这种结构有助于资源整合和快速响应市场变化。

2. 组织结构的设计原则

健身俱乐部在设计组织结构时应遵循以下几个基本原则，以确保结构合理、高效。

（1）明确职责与分工

健身俱乐部应根据业务需求明确各部门和岗位的职责，避免职责重叠或模糊。明确的分工有助于提高员工的工作效率和责任感，减少内部冲突[81]。例如，市场部专注于会员的获取和品牌推广，运营部则专注于设施管理和服务质量，双方明确界限但紧密协作。

（2）灵活性与适应性

组织结构应具有灵活性，能够快速适应市场变化和业务扩展的需求。健身俱乐部需要不断评估组织结构的有效性，及时调整以应对新的市场挑战或机会。例如，当俱乐部决定引入新的数字化健身服务时，可以临时设立一个数字化部门，负责该项目的开发和推广。

（3）沟通与协作机制

良好的沟通与协作机制是组织结构高效运作的保障。健身俱乐部应建立跨部门的沟通渠道，确保信息在各部门之间流畅传递，减少信息滞后或失误带来的影响。例如，定期的跨部门会议或项目小组讨论，可以促进部门间的协作和创新。

(4) 权责对等与激励机制

组织结构的设计应确保权责对等,即每个岗位或部门的权力与责任是相匹配的。同时,合理的激励机制能够调动员工的积极性和创造力。健身俱乐部可以通过绩效考核、晋升机会和奖励计划来激励员工,提升整体运营效率。例如,运营部的绩效可以与会员满意度挂钩,而市场部的绩效则可以与会员增长率相关联。

3. 组织结构的优化策略

随着健身俱乐部的规模扩展和业务多元化,组织结构的优化变得尤为重要。优化组织结构不仅可以提高管理效率,还可以为俱乐部的长期发展奠定坚实基础[82]。以下是三种常见的组织结构优化策略。

(1) 扁平化管理

通过减少管理层级,健身俱乐部可以加快决策流程、提高响应速度,同时增强员工的参与感和责任感。例如,取消不必要的中间管理层,让一线员工直接与高层管理沟通,可以提高服务质量和客户满意度。

(2) 整合与精简

随着业务的发展,健身俱乐部可能出现部门或岗位职能重叠的现象。通过整合类似职能部门或精简冗余岗位,俱乐部可以减少运营成本,提高资源利用效率。例如,将营销和公关部门整合为一个综合市场部门,可以避免资源分散和重复劳动。

(3) 分权与授权

在大型健身俱乐部中,适当的分权与授权可以提高各分支机构或事业部的运营效率。通过授权中层管理者在一定范围内做出决策,俱乐部可以减轻高层管理的工作负担,并提升整体响应速度。例如,在连锁健身房中,区域经理可以被授权决定本区域内的促销活动或人员安排,而不必事事请示总部。

(二) 管理模式与管理流程

健身俱乐部的管理模式和管理流程直接影响到俱乐部的运营效率、服务质量和客户体验。一个科学、系统的管理模式可以确保俱乐部的各项运营活动高效、有序地进行,同时促进俱乐部的持续发展[83]。

1. 健身俱乐部的管理模式

健身俱乐部的管理模式包括运营管理、人员管理、客户关系管理等方面。不同的管理模式适应不同规模和类型的健身俱乐部，以下是五种常见的管理模式。

（1）集中式管理模式

在集中式管理模式下，决策权和管理权集中在俱乐部的高层管理者手中，基层员工的自主权相对较小。这种模式通常适用于规模较小、业务流程较为简单的健身俱乐部。集中式管理模式的优点是高层管理者可以直接控制俱乐部的各项事务，确保决策的一致性和执行的有效性。然而，这种模式可能导致基层员工的创造性和积极性受限。

（2）分散式管理模式

分散式管理模式则将决策权和管理权下放到各部门或分支机构，鼓励基层管理者和员工自主决策。这种模式适用于规模较大、业务多元化的健身俱乐部。分散式管理模式的优点是各部门或分支机构可以根据当地市场需求或业务特点灵活调整运营策略，提高俱乐部的市场适应性。然而，分散式管理模式也可能带来管理标准不统一、沟通不畅等问题。

（3）矩阵式管理模式

矩阵式管理模式结合了集中式和分散式管理模式的优点，适用于需要跨部门协作的复杂业务或项目。在健身俱乐部中，矩阵式管理模式通常用于大型活动或新业务的开发推广。例如，一个新开设的团体课程项目可以由市场部、运营部和教练团队共同负责，通过矩阵式管理模式协调各部门的资源和工作，确保项目的顺利实施。

（4）以客户为中心的管理模式

在健身产业中，以客户为中心的管理模式越来越受到重视。这种管理模式强调以客户需求为导向，优化服务流程，提升客户体验。例如，健身俱乐部可以通过设置客户体验经理，专门负责会员反馈的收集和处理，确保俱乐部的服务能够满足客户的期望和需求。

2. 健身俱乐部的管理流程

管理流程是健身俱乐部运营的核心，是实现高效管理和优质服务的重要手段。以下是健身俱乐部常见的管理流程及其优化策略。

(1) 会员管理流程

会员管理是健身俱乐部运营的核心环节，涵盖会员招募、注册、服务提供、续约等多个步骤。一个高效的会员管理流程应包括会员信息的全面记录、服务的定期跟踪和反馈、续约和转介的管理等。例如，通过使用会员管理系统，俱乐部可以实现自动化的会员信息管理、服务跟踪和续约提醒，提高会员管理的效率和准确性。

(2) 课程与教练管理流程

课程和教练是健身俱乐部吸引会员的关键因素，课程安排和教练管理直接影响到会员的健身效果和满意度。健身俱乐部应制订科学的课程计划，根据会员的需求和反馈定期调整课程内容和时间安排。同时，教练的管理流程应包括招聘、培训、绩效评估和激励措施。例如，俱乐部可以通过定期的会员满意度调查来评估教练的表现，并根据调查结果进行绩效考核和奖励。

(3) 设施与设备管理流程

设施和设备的维护与管理是健身俱乐部日常运营中的重要环节。健身俱乐部应制订设备的定期检查和维护计划，确保设备的正常运行和安全性。此外，俱乐部还应制定紧急故障处理流程，确保在设备出现问题时能够迅速响应，减少对会员使用的影响。例如，俱乐部可以引入设备管理软件，自动记录设备的使用情况、维护历史和故障报告，提升设备管理的效率。

(4) 客户服务流程

客户服务流程涵盖了从客户接待、问题处理到投诉管理的各个环节。一个高效的客户服务流程能够提高客户的满意度和忠诚度。健身俱乐部应制定明确的服务标准和操作流程，确保每一位会员在进入俱乐部时都能享受到高质量的服务。此外，俱乐部还应设置专门的投诉处理机制，快速解决会员的问题和投诉，避免影响俱乐部的声誉。例如，俱乐部可以设置在线客服系统或会员反馈平台，方便会员随时提交问题和建议，并及时获得回复和处理。

(5) 绩效管理流程

绩效管理是确保员工工作效率和俱乐部运营目标实现的重要手段。健身俱乐部应制定科学的绩效考核标准和流程，根据员工的工作表现、会员反馈和运营指标进行评估。通过绩效管理流程，俱乐部可以发现运营中的问题，及时调整策略，提升整体运营效率。例如，俱乐部可以定期进行员工绩效评估，并结合员工的职业发展目标，制订相应的培训和激励计划。

3. 管理模式与流程优化的案例分析

成功的管理模式和流程优化可以显著提升健身俱乐部的运营效率和客户满意度。以下是三个健身俱乐部通过管理模式和流程优化取得成功的案例。

案例一：Gold's Gym 的集中与分散管理模式结合

Gold's Gym 是一家全球知名的健身俱乐部连锁品牌，通过结合集中与分散的管理模式，成功在全球市场中取得了显著的竞争优势。在总部，Gold's Gym 采用集中式管理模式，制定全球统一的品牌标准、课程设计和服务规范。然而，在各地的分支机构，Gold's Gym 则采用分散式管理模式，赋予地方管理者更多的自主权，根据当地市场需求调整课程内容和营销策略。这种管理模式的结合使得 Gold's Gym 能够在保持品牌一致性的同时，灵活应对不同市场的需求。

案例二：Orangetheory Fitness 的矩阵管理与课程创新

Orangetheory Fitness 是一家专注于高强度间歇训练的健身连锁品牌，通过矩阵管理模式和课程创新，迅速扩展全球市场。在其运营中，Orangetheory 采用矩阵式管理模式，跨部门团队负责新课程的开发、市场推广和教练培训，通过这种协同管理，Orangetheory 能够快速响应市场需求，推出创新课程，吸引了大量追求高效训练的消费者。

案例三：Equinox 的以客户为中心的管理模式

Equinox 是一家高端健身俱乐部，通过以客户为中心的管理模式，成功在高端市场中建立了卓越的品牌形象。Equinox 通过设置专门的客户体验团队，负责会员服务的全过程管理，从首次咨询到续约服务，确保每一位会员都能享受到个性化的高品质服务。此外，Equinox 还通过定期的会员反馈和数据分析，不断优化服务流程，提升客户满意度和忠诚度。

在健身产业中，健身俱乐部的组织结构和管理模式是决定其运营效率和市场竞争力的关键因素。通过合理的组织结构设计与优化，健身俱乐部可以确保各部门高效协作，提升整体运营效率。同时，科学的管理模式与管理流程能够帮助俱乐部实现服务质量的提升、客户体验的优化，并确保企业目标的达成。随着市场环境和消费者需求的变化，健身俱乐部需要持续关注和调整其组织结构和管理模式，以保持在市场中的竞争优势和长期成功。

二、服务质量管理

在健身产业中，服务质量是决定企业竞争力和客户满意度的关键因素之一。健身俱乐部不仅提供健身设施和课程，更是在向客户提供一种生活方式和健康支持。因此，服务质量的管理对于健身俱乐部来说至关重要。高质量的服务不仅能够提升客户的满意度和忠诚度，还能够帮助俱乐部在激烈的市场竞争中脱颖而出。

（一）服务质量的定义与重要性

1. 服务质量的定义

服务质量是指服务提供方为满足客户需求和期望而提供的服务的总体水平。它不仅涉及服务的实际交付过程，还包括客户对服务的感知和评价。具体到健身产业，服务质量包括多个方面，如设施的维护状况、教练的专业水平、课程的设计与安排、客户服务的响应速度与态度等[84]。

在健身俱乐部中，服务质量的定义可以进一步细化为以下几个维度。

可靠性（Reliability）：指健身俱乐部能够持续、稳定地提供承诺的服务。例如，按时开设课程、设备设施的正常运作、教练的准时到位等都是可靠性的重要体现。

响应性（Responsiveness）：指健身俱乐部能够及时、有效地回应客户需求和解决问题的能力。例如，客户遇到设备故障时，俱乐部能够迅速修复或提供替代方案，或在会员有疑问时，前台服务人员能够及时提供帮助。

专业性（Assurance）：指健身俱乐部员工的知识、礼貌和能力，以及他们能够让客户信赖和感到安全的程度。教练的专业水平、服务人员的态度和服务知识，都是专业性的体现。

关怀性（Empathy）：指健身俱乐部对客户的关注程度和个性化服务能力。例如，俱乐部能够根据会员的个人情况提供定制化的健身计划，或在会员生日时提供特别的祝福和优惠。

有形性（Tangibles）：指健身俱乐部的物理设施、设备、员工的外表和宣传资料等有形因素[85]。例如，俱乐部的装修风格、设备的清洁度和维护状况、员工的着装规范等，都会影响客户对服务质量的感知。

2. 服务质量的重要性

服务质量在健身产业中的重要性体现在以下四个方面。

（1）客户满意度与忠诚度

服务质量直接影响客户的满意度和忠诚度。高质量的服务能够满足甚至超越客户的期望，增强他们对俱乐部的信任感和依赖感，从而提高客户的忠诚度。忠诚的客户不仅会持续消费，还会通过口碑传播，为俱乐部带来新的客户资源。

（2）市场竞争力

在健身产业中，服务质量是区分不同健身俱乐部的重要因素。即使设施设备相似，提供优质服务的俱乐部往往能够吸引更多的会员并在市场中占据有利位置。因此，服务质量管理是提升市场竞争力的关键。

（3）品牌形象与声誉

服务质量是健身俱乐部品牌形象的核心组成部分。高质量的服务能够塑造良好的品牌形象，增强俱乐部的市场声誉，吸引更多的目标客户。例如，一些高端健身品牌通过卓越的服务质量，成功塑造了高品质、高品位的品牌形象，赢得了广泛的市场认可。

（4）财务绩效与长期发展

服务质量的提升不仅能够增加会员的续费率和消费频次，还能够降低客户流失率，从而提高俱乐部的财务绩效。此外，长期提供高质量服务的健身俱乐部更容易获得客户的长期支持，确保企业的可持续发展。

（二）服务质量管理的理论与实践

1. 服务质量管理的理论基础

服务质量管理的理论基础源自多个领域的研究成果，以下是四种常见的服务质量管理理论及其在健身产业中的应用。

（1）SERVQUAL 模型

SERVQUAL 模型是服务质量管理中广泛应用的一种理论框架，由帕拉休拉曼（A. Parasuraman）等学者提出。该模型将服务质量划分为五个维度：可靠性、响应性、专业性、关怀性和有形性，并通过测量客户对以上维度的期望与实际感知之间的差距，评估服务质量。健身俱乐部可以使用 SERVQUAL 模型来评估和改善服务质量，通过定期的客户满意度调查，识别服务中的不足之处，并采取相应的改进措施。

（2）服务蓝图（Service Blueprint）

服务蓝图是一种用于描绘服务流程、识别潜在问题和改进服务设计的工具。通过绘制服务蓝图，健身俱乐部可以清晰地展示客户的服务接触点、后台操作、支持流程等，从而识别出服务过程中的关键点和薄弱环节。服务蓝图有助于俱乐部优化服务流程，确保每个接触点都能提供一致的高质量服务。

（3）GAP 模型

GAP 模型用于分析和诊断服务质量管理中的问题，重点关注服务质量差距（Gaps）的形成原因及其影响。该模型识别了五种主要的服务质量差距：管理感知差距、服务设计差距、服务传递差距、市场沟通差距和客户感知差距。健身俱乐部可以使用 GAP 模型来识别和弥合以上差距，确保客户感知的服务质量符合甚至超越他们的期望。

（4）六西格玛（Six Sigma）

六西格玛是一种以数据为驱动的质量管理方法，旨在通过减少流程中的变异和缺陷，提高服务质量。健身俱乐部可以应用六西格玛方法来优化服务流程、提高服务标准化程度，并减少服务交付中的错误。例如，俱乐部可以使用六西格玛工具来分析会员流失的原因，并制定相应的改进措施，以提高会员的留存率。

2. 服务质量管理的实践方法

在健身产业中，服务质量管理的实践方法主要包括服务设计、员工培训、客户反馈管理、质量监控与持续改进等方面[86]：

（1）服务设计与标准化

健身俱乐部在服务设计阶段应考虑客户需求与期望，并制定服务标准，以确保服务的稳定性和一致性。例如，俱乐部可以制定标准的接待流程、课程安排和设备维护计划，确保会员在不同时间、不同分店都能享受到一致的高质量服务。服务标准的制定应基于客户反馈和行业最佳实践，并通过员工培训和内部评审加以落实。

（2）员工培训与激励

员工是健身俱乐部提供优质服务的关键。俱乐部应定期对员工进行专业技能、服务态度和客户沟通的培训，提升员工的服务能力和专业水平。例如，教练员不仅需要具备扎实的专业知识，还应具备良好的沟通技巧和激励能力，以帮助会员达到健身目标。同时，俱乐部应通过合理的激励机制，如绩效考核、晋升机会和奖励计划，鼓励员工提供卓越的服务。

（3）客户反馈管理

客户反馈是健身俱乐部改进服务质量的重要依据。俱乐部应建立有效的客户反馈机制，及时收集会员对服务的评价和建议。例如，俱乐部可以通过定期的满意度调查、在线评价系统、意见箱等方式，了解会员对教练、课程、设施等各方面的看法。对于收集到的反馈，俱乐部应认真分析，并采取相应的改进措施，以不断提升服务质量。

（4）服务质量监控

服务质量的监控是确保服务标准得到执行的重要手段。健身俱乐部应建立完善的质量监控体系，对服务交付的各个环节进行跟踪和评估。例如，俱乐部可以通过客户满意度调查、神秘顾客检查、内部审计等方式，定期检查服务质量的执行情况，发现并纠正偏差。服务质量监控还应包括对设备和设施的定期检查和维护，确保会员能够在安全、舒适的环境中锻炼。

（5）持续改进与创新

服务质量管理是一个持续改进的过程。健身俱乐部应定期评估服务质量管理的效果，并根据市场变化和客户需求进行调整和创新。例如，随着数字化健身服务的兴起，俱乐部可以开发在线课程、健身 App 等创新服务，提升客户体验。持续改进的关键在于不断学习和引入新的管理方法和技术，确保俱乐部能够在竞争激烈的市场中保持领先地位。

3. 服务质量管理的案例分析

案例一：Equinox 的高端服务质量管理

Equinox 是一家全球知名的高端健身俱乐部，其成功的关键在于卓越的服务质量管理。Equinox通过严格的员工培训、细致的服务标准化流程以及先进的客户反馈系统，确保每一位会员都能享受到无与伦比的服务体验。例如，Equinox的教练不仅具备深厚的专业知识，还经过严格的礼仪和沟通培训，能够为会员提供个性化的健身建议和支持。此外，Equinox通过会员App实时收集客户反馈，并快速响应客户需求，持续提升服务质量。

案例二：Planet Fitness的标准化服务管理

Planet Fitness是一家主打大众市场的低成本健身俱乐部，其成功得益于高效的服务质量标准化管理。Planet Fitness在全球范围内实施统一的服务标准，无论是设备布局、课程安排，还是员工服务流程，都保持高度一致。这种标准化管理不仅确保了服务质量的一致性，还降低了运营成本，使Planet Fitness能够以低价吸引大量会员。例如，Planet Fitness的"无评判区"服务理念，通过标准化的服务培训和员工行为规范，创造了一个友好、无压力的健身环境，深受广大健身初学者的欢迎。

案例三：Virgin Active的创新服务管理

Virgin Active是一家注重创新的国际健身俱乐部品牌，其服务质量管理的核心在于不断地创新和持续改进。Virgin Active通过引入先进的健身技术、开发多样化的课程，以及提供个性化的会员服务，成功打造了独特的品牌形象。例如，Virgin Active在全球范围内推出了虚拟健身课程和数字化健身平台，会员可以随时随地参与在线课程，享受个性化的健身指导。这种创新服务不仅提升了会员的参与度和满意度，还帮助Virgin Active在激烈的市场竞争中保持领先。

4. 服务质量管理的挑战与应对策略

尽管服务质量管理在健身产业中至关重要，但在实际操作中，健身俱乐部也面临着诸多挑战。以下是一些常见的挑战及其应对策略。

（1）服务标准化与个性化需求的平衡

在健身俱乐部的服务管理中，如何在保持服务标准化的同时满足个性化需求，是一个重要的挑战。过度标准化可能导致服务缺乏个性化，无法满足不同会员的特殊需求，而过度个性化又可能增加运营复杂性和成本。

健身俱乐部可以采用模块化服务设计，在标准化基础上引入个性化选项。例如，俱乐部可以提供一系列标准化的健身课程，并允许会员根据个人需求选择附加服务，如私人教练、营养咨询等。通过灵活的服务组合，俱乐部可以在保持高效运营的同时，满足会员的个性化需求。

（2）员工流动性高导致服务质量不稳定

健身产业的员工流动性较高，尤其是前线员工和教练的离职率较高，可能导致服务质量的不稳定。新员工的培训和适应期也会影响服务质量的持续性。

健身俱乐部可以通过建立系统化的培训和发展计划，减少员工流动性带来的影响。例如，通过设立职业发展通道、提供持续的职业培训和发展机会，以及实施有效的激励机制，俱乐部可以提高员工的忠诚度和满意度。此外，俱乐部还可以建立标准化的培训流程，确保新员工能够快速适应并达到服务标准。

（3）客户期望的快速变化

随着健身潮流和技术的不断变化，客户的期望也在迅速提升。这对健身俱乐部的服务质量管理提出了更高的要求，如何及时应对并满足客户的变化需求成为一个重要的挑战。

健身俱乐部应保持市场敏感性，通过定期的市场调研和客户反馈，及时了解客户需求的变化。例如，俱乐部可以建立客户反馈循环系统，将收集到的客户意见迅速转化为服务改进措施。此外，俱乐部还应积极引入创新服务和技术，如虚拟健身、个性化健康管理工具等，满足客户不断变化的需求。

（4）服务过程中的不可控因素

健身俱乐部的服务过程涉及众多变量，如设备故障、员工缺勤、会员不满情绪等，以上不可控因素可能会影响服务质量的稳定性。

健身俱乐部应建立应急预案和风险管理机制，以应对服务过程中的不可控因素。例如，通过定期的设备维护和检测，俱乐部可以降低设备故障的发生率。同时，俱乐部可以建立员工替班制度，确保在关键岗位员工缺勤时，能够迅速安排替补人员。此外，俱乐部还应建立会员投诉处理流程，及时应对并解决会员的不满情绪，防止问题扩大。

5. 服务质量管理的持续改进

服务质量管理是一个持续改进的过程，需要俱乐部在日常运营中不断优化和提升。以下是服务质量管理持续改进的四个关键步骤。

(1) 设定明确的质量目标

服务质量管理的持续改进应以明确的质量目标为导向。以上目标应包括客户满意度、会员留存率、投诉率等具体的绩效指标。俱乐部应定期评估以上指标的达成情况，并根据评估结果制订改进计划。

(2) 建立反馈与评估机制

持续的客户反馈与评估是服务质量改进的重要依据。俱乐部应通过定期的满意度调查、在线评价系统和会员访谈，持续收集客户对服务的评价和建议。同时，俱乐部还应对内部流程进行评估，识别影响服务质量的关键环节，并进行改进。

(3) 应用先进的管理工具和技术

随着技术的发展，健身俱乐部可以利用先进的管理工具和技术来提升服务质量。例如，俱乐部可以引入客户关系管理系统，实现会员信息的自动化管理和服务的个性化推荐。通过数据分析，俱乐部可以更好地了解会员的需求和行为，从而优化服务流程。

(4) 实施持续培训与发展计划

为了确保服务质量的持续提升，俱乐部应为员工提供持续的培训与发展机会。例如，定期举办服务质量管理的专题培训和研讨会，帮助员工掌握最新的服务管理技巧和方法。通过持续的发展计划，俱乐部可以培养一支高素质的服务团队，确保服务质量的稳步提升。

服务质量管理在健身俱乐部的运营中扮演着关键角色。通过科学的管理理论与实践方法，俱乐部可以有效提升服务质量，从而增强客户满意度和忠诚度，提升市场竞争力。然而，服务质量管理也面临着诸多挑战，需要俱乐部在实际操作中灵活应对。通过持续的改进和创新，健身俱乐部可以在竞争激烈的市场中保持领先地位，并实现长期的成功和可持续发展。

三、客户关系管理

客户关系管理在健身俱乐部运营中具有至关重要的作用。健身俱乐部通过有效的客户关系管理，不仅可以提升客户满意度和忠诚度，还能够实现会员的长期价值最大化[87]。随着市场竞争的加剧和客户需求的多样化，健身俱乐部必须建立并不断优化客户关系管理体系，以确保在激烈的市场环境中保持竞争优势。

（一）客户关系管理的基本概念

1. 客户关系管理的定义

客户关系管理（以下简称 CRM）是指企业通过信息技术和管理策略来优化与客户的互动和关系，从而提升客户满意度、忠诚度和企业收益的一种管理理念和实践[88]。具体到健身俱乐部，CRM 涵盖了会员的招募、维护、管理、沟通、服务和回馈等全过程，旨在通过深入了解会员需求，提供个性化和高质量的服务，建立并维持长久的会员关系。

CRM 系统的核心功能通常包括客户数据管理、销售管理、市场营销管理和服务管理。在健身俱乐部中，CRM 不仅仅是一个管理工具，更是帮助俱乐部提升服务质量、优化运营流程、实现客户价值最大化的重要手段。

2. 客户关系管理的重要性

在健身产业中，客户关系管理的重要性体现在以下五个方面。

（1）提升客户满意度和忠诚度

通过有效的客户关系管理，健身俱乐部可以为会员提供个性化的服务和支持，满足他们的特定需求，提升客户的满意度和忠诚度。满意度和忠诚度的提升意味着会员愿意继续使用俱乐部的服务，减少会员流失率，增加续费和推荐的可能性。

（2）优化客户体验

CRM 系统可以帮助健身俱乐部优化客户体验，从客户初次接触俱乐部到成为长期会员的每一个接触点进行优化。例如，自动化的沟通工具可以帮助俱乐部及时向会员发送课程提醒、生日祝福和特定优惠，增强会员的归属感和参与度。

（3）增加客户生命周期价值（CLV）

客户生命周期价值是指客户在整个消费生命周期内为企业带来的总收益。通过 CRM，健身俱乐部可以更精准地分析客户的消费习惯和偏好，提供更具吸引力的增值服务，从而提升客户的生命周期价值。

(4) 支持精准营销

通过 CRM 系统的客户数据分析，健身俱乐部可以根据会员的不同特征和需求，制定有针对性的营销策略。精准营销不仅可以提高市场推广的有效性，还可以降低营销成本，提高会员转化率。

(5) 提升运营效率

CRM 系统可以将客户数据集中化管理，帮助健身俱乐部简化工作流程，提升运营效率。例如，通过 CRM 系统，前台可以快速查找会员信息，处理续约和支付，减少客户等待时间，提升服务效率。

(二) 会员管理与客户满意度提升

1. 会员管理的核心内容

会员管理是客户关系管理的核心内容之一。在健身俱乐部，会员管理包括会员信息的收集与更新、会员服务的提供与跟进、会员需求的分析与响应、会员活动的组织与推广等。

(1) 会员信息管理

会员信息管理是会员管理的基础。健身俱乐部需要详细记录每位会员的个人信息、健身目标、健康状况、课程偏好等，并及时更新以上信息。通过 CRM 系统，俱乐部可以对会员信息进行全面管理，确保所有员工都能获取准确的会员数据，以便提供个性化的服务。

(2) 会员服务管理

会员服务管理涉及会员在俱乐部内外的所有服务体验，包括课程安排、教练服务、设施使用等。俱乐部应根据会员的需求和反馈，不断优化服务流程，提升服务质量。例如，俱乐部可以为新会员提供入会指导，帮助他们快速熟悉俱乐部的设施和服务，增强初次体验。

(3) 会员需求分析

通过 CRM 系统的数据分析功能，健身俱乐部可以深入了解会员的需求和行为模式。例如，俱乐部可以分析哪些课程最受欢迎、哪些时间段会员出勤率最高，进而调整课程安排和教练配置，以更好地满足会员的需求。

(4) 会员活动推广

会员活动是提升会员参与度和满意度的重要手段。通过 CRM 系统，健身俱乐部可以根据会员的兴趣和需求，精准推广各类会员活动，如团体课程、健康讲座、户外活动等。此外，俱乐部还可以利用CRM系统跟踪会员的活动参与情况，提供个性化的活动推荐。

2. 提升客户满意度的策略

客户满意度是衡量健身俱乐部服务质量的重要指标。提升客户满意度不仅能够增强会员的忠诚度，还能够通过口碑传播吸引新的客户。以下是健身俱乐部提升客户满意度的五种策略。

（1）个性化服务

个性化服务是提升客户满意度的重要手段。通过深入了解会员的健身目标和偏好，健身俱乐部可以为每位会员提供个性化的健身计划和服务。例如，俱乐部可以根据会员的健康数据和健身进度，定期调整训练计划，帮助会员更有效地达到目标。

（2）高效沟通

健身俱乐部应通过多渠道（如电话、邮件、社交媒体等）与会员保持高效沟通，及时了解会员的需求和反馈。通过CRM系统，俱乐部可以实现沟通的自动化和个性化，如在会员生日时发送祝福短信，在会员长时间未到店时发送提醒信息等。

（3）优质客户服务

健身俱乐部的客户服务质量直接影响到会员的满意度。俱乐部应确保前台、教练和其他服务人员都经过专业的培训，能够以友好、专业的态度为会员提供帮助。此外，俱乐部应建立快速响应的投诉处理机制，及时解决会员的问题，避免负面体验影响满意度。

（4）持续创新

健身俱乐部应不断创新，提供新颖、有趣的服务和活动，保持会员的兴趣和参与度。例如，俱乐部可以定期推出新的健身课程、引入先进的健身设备、举办特色主题活动等，给会员带来新鲜感和满足感。

（5）会员激励计划

通过设计合理的会员激励计划，健身俱乐部可以有效提升会员的参与度和满意度。例如，俱乐部可以设立会员积分系统，会员每次到店锻炼或参加课程都可以获得积分，积分可以兑换礼品或优惠。这不仅鼓励会员积极参与，还能增强会员的忠诚度。

3. CRM 系统在会员管理中的应用

CRM 系统是健身俱乐部会员管理的重要工具。通过 CRM 系统，俱乐部可以实现会员信息的集中化管理，提升服务的个性化和精准度。

（1）会员信息集成与分析

CRM 系统可以将会员的个人信息、健康数据、服务记录等集中管理，形成会员的全面档案。通过数据分析功能，俱乐部可以识别出不同会员群体的需求特点，制定针对性的服务和营销策略。

（2）自动化会员沟通

CRM 系统可以帮助俱乐部实现会员沟通的自动化。例如，系统可以自动发送课程提醒、活动邀请、续费通知等，减少人工操作的烦琐，提高沟通效率。同时，系统还可以根据会员的行为数据，发送个性化的推荐信息，增强会员的参与感和体验感。

（3）会员行为跟踪与反馈

通过 CRM 系统，俱乐部可以跟踪会员的行为数据，如课程出勤率、设备使用频次、消费记录等。以上数据可以帮助俱乐部了解会员的偏好和需求变化，及时调整服务内容。此外，CRM 系统还可以收集会员的反馈，帮助俱乐部发现服务中的不足，并进行改进。

（4）会员分级管理

CRM 系统可以根据会员的消费行为、参与度等指标，对会员进行分级管理。通过差异化的服务和营销策略，俱乐部可以针对不同等级的会员提供定制化服务。例如，对高价值会员，俱乐部可以提供专属优惠、VIP 服务等，提升他们的满意度和忠诚度。

4. 提升客户满意度的成功案例

案例一：Virgin Active 的个性化会员服务

Virgin Active 是一家国际知名的健身俱乐部连锁品牌，其成功的关键之一在于提供个性化的会员服务。Virgin Active 通过 CRM 系统全面管理会员信息,并根据会员的健身目标和兴趣爱好,提供定制化的课程和服务。例如,系统会根据会员的运动习惯,推荐合适的课程。Virgin Active 的 CRM 系统会根据会员的运动习惯、健康状况和个人喜好,推荐合适的课程和教练,并在会员达成特定健身目标时提供激励,如免费课程或额外服务。这种个性化的服务大大提升了会员的满意度和忠诚度,使得会员不仅能体验到高质量的健身服务,还能感受到俱乐部的关注和支持。

案例二:Planet Fitness 的高效会员沟通

Planet Fitness 作为一家主打大众市场的健身连锁品牌,通过高效的会员沟通策略成功建立了广泛的会员基础。Planet Fitness 利用 CRM 系统实现会员沟通的自动化,如在会员加入时自动发送欢迎信息,在会员生日时发送祝福邮件,以及在会员长时间未到店时发送提醒信息。此外,Planet Fitness 还通过定期的电子新闻简报向会员传达俱乐部的最新动态、优惠活动和健康小贴士,增强了会员的参与感和品牌忠诚度。

案例三:Equinox 的高级会员管理

Equinox 是一家定位高端市场的健身俱乐部品牌,通过差异化的会员管理策略成功吸引了大量高端客户群体。Equinox 的 CRM 系统能够对会员进行精准分级管理,根据会员的消费行为、参与度和个人偏好,提供定制化的服务。例如,对于 VIP 会员,Equinox 提供专属的私人教练服务、个性化的营养指导以及优先参与新课程的权利。此外,Equinox 还利用 CRM 系统对会员的反馈进行跟踪和分析,不断优化服务流程,确保会员享受到顶级的健身体验。

5. 客户关系管理的挑战与应对策略

尽管 CRM 系统在提升健身俱乐部的客户满意度和运营效率方面具有显著优势,但在实际实施过程中也面临着一些挑战。以下是常见的挑战及其应对策略。

(1) 数据管理与隐私保护

健身俱乐部在使用 CRM 系统时,会收集大量的会员个人信息,包括健康数据、消费记录等。以上数据的安全管理和隐私保护是 CRM 实施中的一个重要挑战。

健身俱乐部应采取严格的数据管理措施,确保会员信息的安全性。例如，采用数据加密技术、定期进行安全审计和数据备份,并制定明确的隐私保护政策。此外,俱乐部应向会员透明化数据使用情况,增强会员对数据安全的信任感。

(2) 系统整合与员工培训

在 CRM 系统的实施过程中,如何将系统与现有的运营流程、信息系统进行整合,并确保员工能够熟练使用,是一个重要的挑战。

健身俱乐部应在 CRM 系统的实施阶段进行全面的系统整合规划,确保 CRM 系统与其他管理系统(如会员管理系统、财务系统等)的无缝对接。此外,俱乐部应为员工提供系统使用的培训,确保他们能够熟练操作系统,提高工作效率和服务质量。

(3) 客户期望管理

在高度竞争的健身市场中,客户的期望值不断提升,如何管理客户的期望并持续提供超出期望的服务,是健身俱乐部面临的一个长期挑战。

健身俱乐部应通过 CRM 系统不断跟踪和分析会员的反馈,及时了解会员的需求变化,并根据以上变化调整服务内容和标准。例如,俱乐部可以定期举办会员座谈会或在线调查,直接与会员交流,了解他们的期望和建议。此外,俱乐部应在会员沟通中设置合理的服务期望,通过精准的宣传和承诺,避免过度承诺导致的客户不满。

(4) 个性化服务的成本控制

个性化服务是提升客户满意度的关键,但同时也可能增加运营成本,如何在提供个性化服务的同时控制成本,是健身俱乐部需要解决的一个问题。

健身俱乐部可以通过数据分析来精准定位哪些个性化服务最能满足会员需求,从而避免资源浪费。例如,通过 CRM 系统分析,俱乐部可以发现哪些会员群体更倾向于购买私人教练服务,从而针对以上群体推出相关的优惠和促销活动。同时,俱乐部还可以通过标准化个性服务的流程,减少个性化服务的成本,如通过预设的服务选项和模板,减少个性化服务的复杂性和人工成本。

6. 客户关系管理的未来发展趋势

随着技术的发展和市场需求的变化,客户关系管理在健身产业中的应用也在不断演变。以下是未来 CRM 在健身俱乐部中的发展趋势。

趋势一：人工智能与大数据的应用

随着人工智能（AI）和大数据技术的发展，CRM 系统将能够更加智能化地分析会员行为和需求。通过 AI 技术，健身俱乐部可以实现更精准的会员推荐、自动化的客户服务，以及更深入的客户行为预测。例如，AI 可以根据会员的过去行为和健康数据，自动生成个性化的健身计划或推荐最适合的课程和教练。

趋势二：全渠道客户互动

随着社交媒体和移动互联网的普及，健身俱乐部将逐步实现全渠道的客户互动。CRM 系统将整合来自不同渠道的数据（如社交媒体、官网、移动 App 等），提供无缝的客户体验。例如，会员可以在社交媒体上与俱乐部互动，在移动 App 上预约课程，在官网上查看健身进度，所有以上互动数据都将被统一管理和分析，提升客户的整体体验。

趋势三：会员社区与社群管理

CRM 系统将越来越多地支持会员社区和社群的管理，通过建立和管理会员社群，健身俱乐部可以增强会员的归属感和互动性。未来的 CRM 系统可能会整合社交功能，让会员在平台内互动、分享健身经验和成果，俱乐部则可以通过以上社群活动增强会员的参与感和忠诚度。

趋势四：个性化健康管理

随着人们对健康管理需求的提升，CRM 系统将逐渐扩展其功能，涵盖更多的个性化健康管理服务。健身俱乐部可以通过 CRM 系统为会员提供综合的健康管理方案，包括营养建议、心理支持、健康监测等，进一步提升服务的附加值。

客户关系管理是健身俱乐部提升运营效率、客户满意度和市场竞争力的重要工具。通过科学的 CRM 系统和管理策略，健身俱乐部可以更好地了解和满足会员的需求，提供个性化和高质量的服务，从而实现会员的长期价值最大化。尽管在实施过程中面临一些挑战，但通过有效的应对策略和持续的改进，健身俱乐部可以在激烈的市场竞争中保持优势，并实现长期的成功与发展。随着技术的进步和市场的演变，客户关系管理将继续发展，成为健身俱乐部不可或缺的核心竞争力。

四、人力资源管理

在人力密集型的健身产业中,人力资源管理(HRM)起着至关重要的作用。健身教练与管理人员是健身俱乐部服务质量的直接提供者,他们的能力和表现直接影响到会员的满意度和俱乐部的整体运营效率。因此,健身俱乐部需要通过科学的招聘、系统的培训、有效的激励与绩效管理,来确保员工队伍的高效运作和持续发展[89]。

(一)健身教练与管理人员的招聘与培训

1. 健身教练的招聘

健身教练是健身俱乐部的核心资源,其专业素质直接决定了会员的健身效果和体验。一个优秀的健身教练不仅需要具备扎实的专业知识和技能,还需要具备良好的沟通能力、激励技巧和服务意识。为了确保教练团队的高质量,健身俱乐部在招聘过程中应遵循以下三个步骤。

(1)明确招聘标准

首先,健身俱乐部需要根据自身的市场定位和服务特点,制定健身教练的招聘标准。以上标准通常包括专业资格认证(如国际认可的健身教练认证)、从业经验、专长领域(如力量训练、瑜伽、普拉提等)以及软技能(如沟通能力、团队合作精神等)。明确的招聘标准有助于筛选出符合俱乐部需求的优秀教练候选人。

(2)多渠道招聘

为了吸引到更多优秀的教练人才,健身俱乐部应采用多渠道的招聘策略。例如,可以通过专业的健身教练招聘网站、社交媒体平台、健身教练培训机构的合作以及内部推荐等方式进行招聘。此外,参加行业展会和相关培训课程也是招募教练的有效途径。

(3)招聘流程设计

招聘流程的设计应包括简历筛选、面试、实操考核和背景调查等环节。简历筛选阶段应重点关注候选人的教育背景、职业资格和工作经验。面试阶段应通过行为面试法考查候选人的沟通能力、客户服务意识和职业道德。实操考核则是考查候选人实际操作能力的重要环节,可以通过现场教学或模拟课程的方式进行。最后,背景调查可以通过联系前雇主或查看候选人的行业评价记录,确保招聘到的教练具备良好的职业操守和服务能力。

2. 管理人员的招聘

管理人员是健身俱乐部运营管理的中坚力量,他们的领导能力和管理水平直接影响俱乐部的日常运营和战略执行。因此,健身俱乐部在招聘管理人员时应注重以下三点。

(1) 管理能力与经验

在招聘管理人员时,健身俱乐部应重点考查候选人的管理能力和相关行业经验。例如,候选人是否具备健身产业的管理经验、是否曾经成功管理过类似规模的俱乐部或团队以及是否具备战略思维和执行力等。

(2) 文化契合度

管理人员不仅需要具备管理能力,还需要与俱乐部的企业文化相契合。因此,面试过程中应重点考查候选人的价值观、工作方式和沟通风格,确保其能够融入团队并推动俱乐部文化的发展。

(3) 领导力与创新能力

健身产业的快速发展要求管理人员具备较强的领导力和创新能力。俱乐部应通过面试和案例分析等方式考查候选人的领导风格、决策能力和创新思维,选择能够带领团队应对市场挑战和变化的管理人才。

3. 员工培训

员工培训是提升健身教练和管理人员专业能力和服务水平的重要手段。系统的培训计划不仅能够帮助新员工迅速融入工作环境,还能够通过持续的职业发展培训提升员工的职业技能和竞争力。

(1) 新员工入职培训

入职培训是帮助新员工了解俱乐部文化、工作流程和服务标准的重要环节。对于健身教练,入职培训应包括俱乐部的服务理念、设施设备的使用与维护、会员管理系统的操作等内容。此外,还应进行基本的急救培训,以应对健身过程中可能出现的突发情况。对于管理人员,入职培训应包括俱乐部的组织架构、管理流程、绩效考核制度等内容,帮助他们迅速进入管理角色。

(2) 专业技能培训

健身教练的专业技能培训应贯穿其职业生涯的始终。俱乐部应定期组织教练参加行业内的培训课程和认证考试，提升他们的专业知识和技能水平。例如，针对力量训练、功能性训练、运动康复等不同领域，俱乐部可以安排相关的进阶培训课程。此外，还可以邀请行业专家进行专题讲座或实操培训，帮助教练掌握最新的健身理念和技术。

(3) 管理能力培训

对于管理人员，除了行业知识的培训外，管理能力的培训也至关重要。俱乐部应为管理人员提供领导力培训、团队管理技巧、客户关系管理、市场营销等方面的培训课程，提升他们的综合管理能力。此外，俱乐部还可以通过组织内部分享会、外部研讨会或管理论坛，帮助管理人员不断学习和交流，拓宽视野。

(4) 持续发展计划

健身俱乐部应制定员工的职业发展路径，并根据员工的职业目标和表现，提供相应的培训和发展机会。例如，为表现优异的教练提供晋升机会，如从普通教练晋升为高级教练或培训主管。对于管理人员，俱乐部可以提供跨部门轮岗或管理提升培训，帮助他们发展全局视野和综合管理能力。

(二) 员工激励与绩效管理

员工的激励与绩效管理是健身俱乐部提升员工积极性、工作效率和服务质量的关键所在。科学的激励机制和合理的绩效管理制度不仅能够激发员工的潜能，还能有效提升俱乐部的整体运营效益。

1. 员工激励

员工激励是指通过各种激励手段提升员工的工作积极性和忠诚度，使其愿意为俱乐部的目标而努力。健身俱乐部在设计员工激励机制时应考虑以下四个方面。

(1) 薪酬激励

薪酬是最直接的激励手段，健身俱乐部应根据市场标准和员工的贡献程度，制定具有竞争力的薪酬结构。例如，俱乐部可以设置基本工资、绩效奖金、课程提成等多个薪酬组成部分，并根据员工的表现和会员反馈，给予相应的奖励。此外，俱乐部还可以通过定期的薪酬调整和年终奖金，激励员工的长期表现。

（2）福利激励

除了薪酬外，福利激励也是提升员工满意度和忠诚度的重要手段。例如，俱乐部可以为员工提供免费或优惠的健身服务、健康保险、带薪假期、职业发展基金等福利。此外，俱乐部还可以通过提供员工活动、家庭日、健康讲座等方式，增强员工的归属感和团队凝聚力。

（3）荣誉激励

荣誉激励是通过表彰和奖励员工的突出表现，提升其工作成就感和职业认同感。例如，俱乐部可以设立"年度最佳教练""优秀管理者""客户服务之星"等奖项，并在全体员工会议或年终庆典上进行表彰。这种公开的荣誉激励不仅能够激励获奖者，也能够激发其他员工的工作热情。

（4）职业发展激励

职业发展激励是通过提供职业发展机会和培训支持，激发员工的成长动力。例如，俱乐部可以为表现优秀的教练提供晋升机会或派遣参加高端培训课程，对于管理人员则可以提供更多的管理权限或跨部门轮岗的机会。这种激励方式能够帮助员工实现职业目标，同时增强他们对俱乐部的忠诚度。

2. 绩效管理

绩效管理是对员工的工作表现进行评估和反馈的过程，通过科学的绩效管理体系，健身俱乐部可以确保员工的工作表现符合俱乐部的运营目标，并推动员工的持续改进。

（1）绩效考核指标的设定

绩效考核指标是绩效管理的核心，健身俱乐部应根据不同岗位的职责和目标，设定科学、合理的考核指标。例如，对于健身教练，绩效考核指标可以包括课程出勤率、会员满意度、课程销售额等。对于管理人员，绩效考核指标可以包括团队绩效、成本控制、客户关系管理等。考核指标应兼顾定量指标（如销售额、出勤率）和定性指标（如客户满意度、团队合作），以全面反映员工的工作表现。

（2）绩效评估与反馈

绩效评估是对员工实际工作表现的系统评估，健身俱乐部应定期进行绩效评估，如月度、季度或年度评估。评估过程应包括自我评估、主管评估和同事反馈等多个维度，以确保评估的客观性和全面性。在绩效评估后，主管应与员工进行一对一的绩效反馈面谈，讨论评估结果，肯定员工的成绩，并指出需要改进的地方。通过这种互动，员工可以更清晰地了解自己的工作表现和未来的改进方向。

（3）绩效改进计划

对于在绩效评估中表现不佳的员工，健身俱乐部应制订绩效改进计划，帮助他们提升工作表现。改进计划应包括明确的改进目标、具体的行动步骤和时间表，以及相应的支持和资源。例如，对于表现欠佳的教练，俱乐部可以安排额外的培训或指导，帮助其提升专业技能和服务水平。绩效改进计划应定期跟进，并在必要时进行调整，确保员工能够在规定时间内达到预期目标。

（4）绩效奖励与发展机会

健身俱乐部应根据绩效评估结果，给予表现优异的员工相应的奖励和发展机会。例如，表现突出的教练可以获得额外的绩效奖金或晋升机会，管理人员则可以获得更多的管理权限或职业发展支持。此外，俱乐部还可以将绩效评估结果作为员工职业发展的重要参考，帮助其制订长期的职业发展计划。

3. 绩效管理的挑战与应对策略

尽管绩效管理是提升员工表现的重要手段，但在实际操作中也存在一些挑战。健身俱乐部在实施绩效管理时应注意以下三点。

（1）绩效指标的设定与公平性

在设定绩效指标时，如何确保指标的科学性和公平性是一个重要的挑战。不合理或不公平的绩效指标可能导致员工的挫败感，甚至引发内部矛盾。

健身俱乐部在设定绩效指标时，应充分考虑不同岗位的职责和工作特点，确保指标的合理性和可操作性。俱乐部还应通过沟通和反馈机制，确保员工对绩效指标的理解和认可。例如，在设定销售目标时，应考虑到市场环境的变化和会员需求的波动，为员工设定具有挑战性但又可实现的目标。

（2）绩效评估的客观性

绩效评估的客观性直接影响到员工对绩效管理的信任度和认可度。在评估过程中，如何避免主观偏见和不公平现象，是绩效管理的一个重要挑战。

健身俱乐部应通过多维度的评估机制（如自评、主管评、同事反馈等）来增强评估的客观性。此外，俱乐部还可以通过数据支持和量化分析来减少评估的主观性。例如，通过会员满意度调查、课程出勤率等客观数据，辅以主管和同事的主观评价，形成综合的绩效评估结果。

（3）绩效改进与员工发展

对于绩效评估中表现不佳的员工，如何有效实施绩效改进计划并促进其职业发展，是另一个重要的挑战。如果改进计划不切实际或缺乏支持，可能导致员工的挫败感和流失。

健身俱乐部应根据员工的具体情况，制订个性化的绩效改进计划，并提供必要的支持和资源。例如，可以安排一对一的教练指导、增加培训机会或调整工作任务，帮助员工提升表现。同时，俱乐部应定期跟进改进计划的进展，并根据情况进行调整，确保员工能够逐步达成目标。此外，俱乐部还应关注员工的职业发展需求，为其提供长期的发展机会和职业路径规划，增强其对俱乐部的忠诚度。

4. 人力资源管理的成功案例

案例一：Gold's Gym 的人才培养与晋升体系

Gold's Gym 作为全球知名的健身品牌，在人力资源管理上有着独特的优势。Gold's Gym 注重教练和管理人员的职业发展，通过完善的人才培养和晋升体系，激励员工不断提升自己的职业技能和管理能力。例如，Gold's Gym 为新晋教练提供系统的入职培训，并在工作中给予持续的专业培训支持。同时，Gold's Gym 还为表现优秀的员工提供晋升机会，从普通教练晋升为高级教练或培训主管，或从部门经理晋升为区域经理。这种明确的职业发展路径，激发了员工的积极性和忠诚度，帮助 Gold's Gym 保持了高水平的人才队伍。

案例二：Equinox 的绩效管理与激励机制

Equinox 是一家高端健身俱乐部，其成功的一个关键在于有效的绩效管理和激励机制。Equinox 通过科学的绩效考核体系，全面评估教练和管理人员的工作表现，并根据评估结果提供有针对性的反馈和改进建议。例如，Equinox 的绩效考核包括会员满意度、课程出勤率、销售业绩等多个维度，确保评估的全面性和公平性。对于表现突出的员工，Equinox 提供额外的绩效奖金、职业发展机会和荣誉激励，增强了员工的工作动力和职业成就感。

5.人力资源管理的未来趋势

随着健身产业的不断发展，人力资源管理也在发生变化。以下是未来健身俱乐部人力资源管理的一些发展趋势。

趋势一：数据驱动的人力资源决策

随着大数据和人工智能技术的发展，健身俱乐部将逐步实现人力资源管理的数字化和数据驱动。例如，俱乐部可以通过员工的工作数据、培训数据、绩效数据进行综合分析，优化招聘、培训、绩效管理等环节的决策。

趋势二：员工体验管理

员工体验管理将成为未来人力资源管理的一个重要方向。健身俱乐部将更加注重员工在工作中的体验，通过营造良好的工作环境、提升员工的归属感和成就感，来吸引和留住优秀人才。

趋势三：灵活用工与远程管理

随着灵活用工模式的普及，健身俱乐部将逐步采用更加灵活的用工方式，如兼职教练、远程管理等。同时，俱乐部也需要建立相应的管理机制，确保灵活用工模式下的服务质量和管理效率。

在人力密集型的健身产业中，科学有效的人力资源管理是健身俱乐部成功运营的关键。通过系统的招聘、专业的培训、有效的激励和科学的绩效管理，健身俱乐部可以确保员工队伍的高效运作和持续发展，提升整体的服务质量和市场竞争力。随着市场环境和技术的发展，人力资源管理的模式和方法也在不断演变，健身俱乐部需要持续关注以上变化，及时调整管理策略，确保在竞争激烈的市场中保持优势。

第五章　健身俱乐部营销战略与实施

一、市场营销的基本理论

在健身产业中，市场营销是吸引潜在客户、增加会员量、提升品牌知名度的关键手段。健身俱乐部的成功不仅依赖于优质的设施和服务，还需要通过有效的市场营销策略将其价值传递给目标客户群体。为了在竞争激烈的健身市场中取得成功，俱乐部必须掌握并应用现代市场营销的基本理论和策略，尤其是4P和4C营销理论。

（一）市场营销的定义与重要性

1. 市场营销的定义

市场营销是企业通过识别、创造和传递客户价值，以满足客户需求并实现企业目标的一系列活动和过程。市场营销不仅仅是产品的推广和销售，它涵盖了从市场调研、产品开发、定价策略、促销推广到客户服务等多个环节[90]。对于健身俱乐部来说，市场营销的核心在于如何将俱乐部的服务优势转化为吸引客户的竞争力，并通过持续的客户关系管理实现客户的长期价值。

2. 市场营销的重要性

市场营销在健身产业中的重要性体现在以下五个方面。

（1）吸引客户

市场营销是健身俱乐部吸引潜在客户的主要手段。通过有效的市场营销策略，俱乐部可以在目标市场中建立品牌知名度，吸引对健康和健身感兴趣的消费者前来咨询和体验。

(2) 提升品牌知名度与形象

健身俱乐部通过市场营销活动，不仅可以提升品牌知名度，还可以塑造品牌形象。一个成功的品牌形象能够增强客户的信任感和忠诚度，从而在市场中形成长期竞争优势。

(3) 促进客户转换与留存

市场营销不仅要吸引新客户，还要通过各种促销和客户关系管理策略，促进客户从咨询到付费会员的转换，并通过持续的服务和沟通提升客户留存率。

(4) 应对市场竞争

在竞争激烈的健身市场中，市场营销是俱乐部应对竞争、保持市场份额的关键手段。通过差异化营销策略，俱乐部可以在同质化的市场中突出自身优势，吸引目标客户群体。

(5) 支持俱乐部的长期发展

市场营销活动有助于健身俱乐部了解市场趋势和客户需求，为俱乐部的长期发展提供决策支持。通过市场调研和数据分析，俱乐部可以及时调整产品和服务策略，保持市场的适应性和创新性。

(二) 4P 与 4C 营销理论

在市场营销的理论体系中，4P 和 4C 是两种经典的营销理论，它们分别从企业和客户的角度出发，指导企业制定和实施有效的营销策略[91]。对于健身俱乐部来说，理解并灵活应用这两种理论，可以帮助俱乐部更好地满足市场需求，实现营销目标。

1. 4P 营销理论

4P 营销理论由杰罗姆·麦卡锡（E. Jerome McCarthy）于 1960 年提出，是市场营销中最为经典的理论之一。4P 分别代表产品（Product）、价格（Price）、促销（Promotion）和地点（Place）。这一理论强调企业如何通过这四个关键要素来制定营销组合策略，以满足市场需求并实现企业目标。

(1) 产品

产品是企业提供给市场的核心价值载体。在健身俱乐部中，产品不仅包括健身设备和设施，还包括提供的各类健身课程、私人教练服务、营养咨询等增值服务。产品策略的关键在于如何设计和提供符合目标客户需求的健身服务,并通过创新不断提升服务的吸引力和差异化优势。例如,一些高端健身俱乐部通过提供个性化定制服务、全方位健康管理计划以及高科技智能健身设备,来增强客户体验和竞争力。

（2）价格

价格是客户为产品或服务支付的货币价值,也是影响客户购买决策的重要因素。对于健身俱乐部而言,价格策略应考虑到目标客户的支付能力、市场定位、竞争对手的定价以及俱乐部的成本结构。健身俱乐部可以采用多样化的定价策略,如会员制定价、按次计费、打包优惠等,以满足不同客户群体的需求。同时,俱乐部还可以通过动态定价策略,根据市场需求的变化调整价格,如在非高峰时段提供折扣价格,吸引更多客户。

（3）促销

促销是指企业通过各种手段来传递产品信息、吸引客户和推动销售的活动。在健身俱乐部中,促销策略包括广告宣传、社交媒体营销、活动推广、会员推荐计划等。促销的目标是提升品牌知名度、吸引潜在客户并促进现有客户的消费。俱乐部可以通过免费试用、限时优惠、会员推荐奖励等方式,吸引更多客户尝试和体验俱乐部的服务。此外,社交媒体平台上的内容营销和互动活动,也可以有效提升品牌曝光度和客户参与度。

（4）地点

地点是指产品或服务的销售和交付渠道。在健身俱乐部中,地点策略不仅包括实体俱乐部的位置选择,还包括线上渠道的建设。一个理想的俱乐部选址应靠近目标客户群体,如高收入社区、商务区等,方便客户到达。同时,随着线上健身服务的普及,健身俱乐部应积极布局线上渠道,如开发健身 App、提供在线课程、通过社交媒体平台与客户互动等,扩大客户的接触点和服务覆盖范围。

2. 4C 营销理论

4C 营销理论由罗伯特·劳特朋（Robert F. Lauterborn）于 1990 年提出,是对 4P 理论的一种补充和改进。4C 理论强调从客户的角度出发,提出了客户需求与欲望（Customer Needs and Wants）、成本（Cost）、便利

（Convenience）和沟通（Communication）四个要素，帮助企业更好地满足客户需求和提升客户满意度。

(1) 客户需求与欲望

客户需求与欲望是 4C 理论的核心，它强调企业应从客户的需求和欲望出发，而不是单纯从产品出发来制定营销策略。在健身产业中，客户的需求可能包括减肥塑形、增肌健美、健康管理、压力释放等。因此，健身俱乐部在设计服务时，应该深入了解目标客户的具体需求，并针对不同的需求提供个性化的服务解决方案。例如，一些健身俱乐部为不同需求的客户群体提供专门的课程，如产后修复课程、高强度间歇训练、老年人健康管理等。

(2) 成本

成本不仅指客户为购买产品或服务支付的价格，还包括客户在获得产品或服务过程中所付出的时间、精力和心理成本。对于健身俱乐部来说，除了合理定价外，还应考虑如何降低客户的时间成本和心理负担。例如，通过简化入会流程、提供灵活的支付方式、设立便捷的课程预订系统，俱乐部可以减少客户的时间成本和麻烦，提升整体客户体验。

(3) 便利

便利强调企业应尽可能为客户提供方便、快捷的服务。在健身产业中，便利性主要体现在俱乐部的选址、营业时间、服务渠道等方面。例如，健身俱乐部应选择交通便利、靠近目标客户群体的地点，并提供灵活的营业时间，以满足不同客户的作息习惯。同时，俱乐部还可以通过在线预约系统、智能健身设备、移动 App 等数字化手段，提升服务的便利性和客户的使用体验。

(4) 沟通

沟通强调企业与客户之间的双向互动，而不仅仅是单向的信息传递。在健身俱乐部中，沟通不仅包括宣传推广，还包括客户服务、意见反馈、会员活动等。例如，俱乐部可以通过社交媒体、电子邮件、手机 App 等渠道，与会员保持持续的沟通，了解他们的需求和反馈，并根据以上信息调整服务内容。同时，俱乐部还可以通过定期的客户满意度调查、会员座谈会等形式，与客户建立深入的互动关系，提升客户的参与感和忠诚度。

3.4P 与 4C 理论的结合应用

在实际的市场营销中，4P 和 4C 理论并不是对立的，而是可以结合应用的。健身俱乐部可以在制定营销战略时，同时考虑企业的产品、价格、促销、地点等因素，以及客户的需求、成本、便利、沟通等因素[92]。通过 4P 与 4C 的结合应用，俱乐部可以更加全面地制定和实施营销策略，从而更好地满足客户需求，实现市场目标。以下是 4P 与 4C 理论结合应用的一些具体策略。

（1）产品与客户需求

健身俱乐部应根据目标客户的需求设计和开发产品（服务）。例如，对于希望减肥塑形的客户，俱乐部可以推出专门的减肥课程或提供私人教练服务；对于注重健康管理的客户，可以提供营养咨询、健康监测和康复训练等增值服务。这一策略要求俱乐部深入了解客户的需求和痛点，并在产品设计中反映以上需求，使其服务更具吸引力和竞争力。

（2）价格与客户成本

在定价策略上，健身俱乐部不仅要考虑市场竞争和成本结构，还要考虑客户的支付能力和愿意支付的价格。通过灵活的价格策略，如按次计费、会员打包、分期付款等，俱乐部可以降低客户的支付压力，提升其价格接受度。此外，俱乐部还应考虑如何减少客户在获取服务过程中的其他成本，如时间成本、心理成本等。通过简化流程、提供便利的支付方式和客户支持，俱乐部可以减少客户的整体成本，提升他们的满意度。

（3）促销与沟通

促销活动不仅仅是单向的信息传递，更应注重与客户的双向沟通。健身俱乐部可以通过社交媒体平台、电子邮件、移动 App 等多渠道，与客户保持持续的互动。例如，俱乐部可以通过社交媒体与会员分享健康知识、健身技巧和成功案例，鼓励会员参与线上讨论和分享他们的健身成果。此外，俱乐部还可以通过定期举办会员活动、健康讲座等线下活动，增加与客户的面对面沟通机会，增强会员的归属感和参与感。

（4）地点与客户便利

健身俱乐部的选址策略应考虑客户的便利性。例如，俱乐部应尽可能选择靠近住宅区、商业区或公共交通便利的地点，以便客户轻松到达。同时，俱乐部还应通过拓展线上服务渠道，如提供在线课程、预约系统、远程健身指导等，提升服务的便利性，满足客户多样化的需求。这一策略不仅可以扩大客户的接触点，还可以延伸服务的覆盖范围，吸引更多潜在客户。

4. 案例分析：4P 与 4C 结合在健身俱乐部中的应用

案例一：Barry's Bootcamp 的差异化产品与精准客户定位

Barry's Bootcamp 是一家知名的高强度间歇训练品牌，其成功的一个关键在于产品的差异化和精准的客户定位。Barry's Bootcamp 通过结合 4P 与 4C 理论，打造了高度个性化的健身服务，并通过市场营销精准定位目标客户群体。Barry's Bootcamp 的课程设计专注于高强度的训练，并结合了灯光、音乐等元素，打造出一种独特的"夜店式"健身体验，吸引了大量年轻、追求时尚的客户群体。通过高端的定价策略、独特的品牌形象以及线上线下相结合的营销推广，Barry's Bootcamp 成功在市场中占据了一席之地。

案例二：Peloton 的线上健身服务与客户便利性

Peloton 是全球领先的智能健身品牌，以其联网动感单车和线上健身课程而闻名。Peloton 的成功在于其产品的创新和客户便利性的极大提升。通过结合 4P 与 4C 理论，Peloton 不仅开发了高质量的健身设备，还通过在线平台提供了丰富的健身课程。客户可以随时随地通过 Peloton 的 App 参与课程，无须前往实体健身房。这种便利性极大地满足了现代客户对时间和空间的灵活需求。同时，Peloton 通过社交功能和个性化推荐增强了客户的参与感和忠诚度，形成了强大的用户社区。

案例三：Virgin Active 的多样化服务与客户沟通

Virgin Active 是一家国际知名的健身俱乐部品牌，以其多样化的健身服务和与客户的良好沟通著称。Virgin Active 通过 4P 与 4C 的结合，打造了一个全面的健身生态系统，包括传统的健身课程、私人教练服务、健康咨询、儿童活动区等，满足了不同客户群体的多样化需求。此外，Virgin Active 注重与客户的持续沟通，通过社交媒体、电子邮件和现场活动与会员保持互动，及时了解客户的需求和反馈，并据此优化服务。Virgin Active 还通过会员 App 实现了在线预订、课程提醒和健身进度跟踪等功能，进一步提升了客户的便利性和满意度。

在健身产业中，市场营销的基本理论为俱乐部制定和实施有效的营销战略提供了重要指导。通过结合 4P 和 4C 理论，健身俱乐部可以从企业和客户的双重视角出发，全面优化其营销组合策略，更好地满足客户需求，提升市场竞争力。无论是产品设计、定价策略、促销活动还是服务渠道的选择，俱乐部都应始终以客户为中心，持续创新和改进，确保在激烈的市场竞争中保持优势。随着市场和技术的发展，健身俱乐部的市场营销策略也将不断演变，需要俱乐部紧跟趋势，灵活应对，确保实现长期的成功和可持续发展。

二、健身俱乐部的营销策略

在健身产业中，制定和实施有效的营销策略是健身俱乐部吸引和留住会员、提升品牌价值、实现持续增长的关键。健身俱乐部的营销策略通常包括产品策略、价格策略、渠道策略和促销策略[93]。通过合理运用以上策略，俱乐部可以在竞争激烈的市场中建立并保持竞争优势。

（一）产品策略：课程设计与服务创新

1. 课程设计

课程设计是健身俱乐部产品策略的核心，直接影响会员的参与度和满意度。优秀的课程设计应结合市场需求、目标客户群体特点和健身趋势，提供多样化、个性化的健身体验。

（1）市场需求驱动

健身俱乐部应根据市场调研结果，了解目标客户的健身需求和偏好。例如，针对年轻女性群体，可以设计侧重于塑形和减肥的瑜伽、普拉提等课程；针对男性客户，则可以推出力量训练、HIIT 等高强度训练课程。了解客户的需求有助于俱乐部提供更具吸引力的课程组合，从而提升客户的参与度和忠诚度。

（2）多样化课程组合

为了吸引不同类型的会员，健身俱乐部应提供多样化的课程选择。例如，俱乐部可以根据不同的健身目标（如减肥、增肌、柔韧性训练、功能性训练等）设计相应的课程。同时，俱乐部还可以根据不同的时间段（如早晨、午间、晚间）和课程时长（如 30 分钟、60 分钟、90 分钟）提供灵活的课程安排，满足不同客户的日程需求。

（3）创新课程开发

在保持传统健身课程的同时，俱乐部应不断创新，开发新颖的健身课程，以吸引更多的会员。例如，俱乐部可以引入当下流行的健身潮流，如 CrossFit、室内冲浪、拳击健身、智能健身课程等。此外，俱乐部还可以结合科技创新，推出虚拟现实健身课程、互动健身游戏等，以提供独特的健身体验。

2. 服务创新

除了课程设计，服务创新也是健身俱乐部产品策略的重要组成部分。通过不断优化和创新服务，俱乐部可以提升会员的体验和满意度，增强品牌的差异化竞争优势。

（1）个性化服务

个性化服务是提升客户满意度的重要手段。健身俱乐部可以通过数据分析了解会员的健身习惯、健康数据和个人偏好，从而为每位会员提供定制化的健身计划和服务。例如，俱乐部可以为新会员提供个性化的入会指导，帮助他们制定健身目标，并根据其进展情况调整训练计划。此外，俱乐部还可以提供私人教练服务、营养咨询、康复理疗等增值服务，以满足会员的个性化需求。

（2）科技赋能服务

随着科技的发展，健身俱乐部可以利用智能设备和数字化平台提升服务质量。例如，俱乐部可以通过移动 App 提供在线课程预订、健身数据跟踪、训练计划推荐等功能，方便会员随时随地管理自己的健身计划。此外，俱乐部还可以引入智能健身设备，如心率监测器、智能跑步机、虚拟教练系统等，为会员提供更精准、有效的训练指导。

（3）全方位健康管理

现代健身俱乐部不仅提供健身服务，还可以为会员提供全面的健康管理支持。例如，俱乐部可以设立健康评估中心，为会员进行体检、健康风险评估，并根据评估结果提供个性化的健康建议。俱乐部还可以与医疗机构、营养师合作，提供健康饮食、心理咨询等综合服务，帮助会员实现全方位的健康目标。

（二）价格策略：定价方法与策略

1. 定价方法

价格策略在健身俱乐部的营销组合中起着至关重要的作用。合理的定价不仅可以吸引目标客户，还能确保俱乐部的盈利能力。健身俱乐部在制定价格策略时，应考虑成本、市场需求、竞争环境和客户价值等因素。

（1）成本导向定价

这种定价方法基于俱乐部的运营成本加上预期利润来确定价格。俱乐部需要详细计算每个会员的边际成本，包括设备维护、教练薪资、租金和其他运营费用，然后在此基础上加上合理的利润率，确定会员的价格。这种方法可以确保俱乐部在满足成本需求的同时，获得合理的利润。

（2）市场导向定价

市场导向定价是根据市场需求和竞争对手的定价来确定价格。俱乐部需要分析目标市场的价格敏感度以及竞争对手的定价策略，然后根据自身品牌定位和服务质量确定合适的价格水平。例如，针对高端市场的健身俱乐部可以选择较高的定价，以突出其高品质的服务和设施。

（3）价值导向定价

价值导向定价是基于客户感知的价值来制定价格。俱乐部需要了解客户对其服务的价值认知，并根据客户的支付意愿定价。这种定价方法适用于那些提供独特价值的俱乐部，如提供高级私人教练服务、定制化健康计划、奢华设施等。

2. 定价策略

在确定定价方法后，健身俱乐部可以选择多种定价策略，以适应不同市场环境和客户需求。

（1）分层定价

分层定价是指根据客户的不同需求和支付能力，提供多个价格层次的服务。例如，健身俱乐部可以设立不同等级的会员卡，如标准卡、高级卡、VIP 卡等，每种会员卡享有不同的服务和权益。通过分层定价，俱乐部可以吸引不同收入水平的客户,并最大化客户覆盖面。

(2) 打包定价

打包定价是将多种服务或产品打包出售,提供优惠价格。健身俱乐部可以将多项服务打包销售,如将私人教练服务、营养咨询和健身课程组合成一个优惠套餐,吸引客户购买。打包定价不仅可以增加客户的消费金额,还可以提升客户的整体体验。

(3) 促销定价

促销定价是在特定时间段内提供折扣或优惠,以吸引新客户或促进现有客户的续费。例如,健身俱乐部可以在新年或夏季推出限时优惠活动,吸引更多客户入会或续费。促销定价可以迅速增加客户量,但需要注意的是,频繁的促销可能会削弱客户对原价的接受度,影响俱乐部的长期盈利能力。

(4) 动态定价

动态定价是根据市场需求和客户行为的变化,实时调整价格。例如,健身俱乐部可以根据高峰期和非高峰期的需求差异,灵活调整会员价格或课程费用。动态定价可以帮助俱乐部更好地利用资源,提升收益管理能力。

(三) 渠道策略:销售渠道与分销模式

1. 销售渠道

销售渠道是指健身俱乐部将其服务提供给客户的途径和方式。一个有效的渠道策略可以帮助俱乐部扩大市场覆盖面,提高服务的可及性和客户的便利性。

(1) 实体俱乐部渠道

实体俱乐部是健身服务的主要交付渠道,俱乐部的选址和布局直接影响到客户的参与度。俱乐部应选择交通便利、目标客户密集的区域开设门店,如住宅区、商业区、写字楼附近等。此外,俱乐部的装修风格、设施配置和环境氛围也应与品牌定位相匹配,提升客户的体验感和满意度。

(2) 线上销售渠道

随着数字化和互联网的发展,线上销售渠道已经成为健身俱乐部的重要组成部分。俱乐部可以通过官网、移动 App、社交媒体等平台销售会员卡、课程和服务。例如,俱乐部可以通过 App 提供在线课程预订、支付和客户支持，方便客户随时随地享受服务。线上渠道的建设不仅可以扩展俱乐部的市场覆盖面，还可以为客户提供更多的便利和灵活性。

（3）合作伙伴渠道

健身俱乐部可以通过与其他品牌或机构的合作，拓展销售渠道。例如，俱乐部可以与大型企业、酒店、房地产公司合作，提供员工或住户优惠套餐，扩大客户来源。俱乐部还可以与健康相关品牌（如营养品、运动装备等）合作，共同推出联合推广活动，吸引更多目标客户。

2. 分销模式

健身俱乐部的分销模式包括直营模式和加盟模式，不同的分销模式适应不同的发展阶段和市场环境。

（1）直营模式

直营模式是指健身俱乐部自行投资和管理门店，直接向客户提供服务。直营模式的优势在于俱乐部可以对品牌形象、服务质量和运营管理进行高度控制，确保服务的一致性和标准化。直营模式适合那些有较强资金实力和管理能力的俱乐部，通过集中资源和统一管理，提升整体品牌价值和市场影响力。

（2）加盟模式

加盟模式是指健身俱乐部通过授权加盟商使用其品牌和经营模式，拓展市场份额。加盟模式的优势在于俱乐部可以快速扩展市场，降低自身的投资风险和管理成本，同时通过收取加盟费和品牌使用费获取收益。加盟模式适合那些希望快速扩展市场规模的俱乐部，通过吸引有经验的加盟商，共同拓展市场并提升品牌影响力。

（四）促销策略：广告、公关与促销活动

1. 广告宣传

广告是健身俱乐部提升品牌知名度、吸引客户的主要手段之一。通过多渠道、多形式的广告宣传，俱乐部可以将其核心价值和服务优势传递给目标客户群体。

（1）传统广告

健身俱乐部可以通过电视、广播、户外广告、报纸杂志等传统媒体进行品牌宣传。例如，在目标客户密集的区域投放户外广告牌，在当地报纸和杂志上刊登广告等。以上传统广告方式可以有效覆盖本地市场，提升品牌曝光度。

（2）数字广告

随着互联网的普及，数字广告已成为健身俱乐部广告宣传的重要渠道。俱乐部可以通过搜索引擎广告、社交媒体广告、视频广告等形式，精准触达目标客户。例如，通过百度、新浪等平台，俱乐部可以根据客户的兴趣、行为、地理位置进行精准投放，提高广告的转化率和投资回报率。

（3）内容营销

内容营销是一种通过提供有价值的内容来吸引和留住客户的广告策略。健身俱乐部可以通过博客、视频、社交媒体帖子等形式，分享健身知识、成功案例、健康建议等内容，建立品牌的权威形象，增强客户的信任感和品牌忠诚度。

2. 公共关系

公共关系（公关）是通过建立和维护良好的公众形象，增强品牌影响力和客户信任度的营销策略。健身俱乐部可以通过公关活动提升品牌的社会形象，并与目标客户建立积极的关系。

（1）媒体关系管理

健身俱乐部应积极与媒体建立合作关系，通过新闻发布会、媒体采访、活动报道等方式，扩大品牌的媒体曝光度。例如，俱乐部可以邀请媒体参加新店开业、健身大赛等活动，借助媒体的传播力，提升品牌的社会知名度和美誉度。

（2）社区关系管理

健身俱乐部应积极参与当地社区活动，建立良好的社区关系。例如，俱乐部可以赞助社区体育赛事、组织公益健身活动、参与社区健康讲座等，增强品牌的社区影响力，吸引更多本地客户。

（3）品牌形象维护

健身俱乐部应定期监测和维护品牌形象，及时应对可能出现的负面舆论或危机事件。例如，俱乐部可以设立品牌公关团队，负责品牌声誉管理、客户投诉处理、媒体危机公关等工作，确保品牌形象的稳定和正面。

3. 促销活动

促销活动是健身俱乐部短期内吸引客户、提升销售的有效手段。通过多样化的促销活动，俱乐部可以增加客户的参与度，促进会员招募和服务销售。

（1）限时优惠

限时优惠是吸引客户的一种常见促销方式。例如，俱乐部可以在新年、暑期等特定时期推出限时折扣、入会免单等优惠活动，吸引客户尽早入会或续费。

（2）会员推荐奖励

会员推荐奖励是通过现有会员推荐新会员，扩大客户群体的促销方式。例如，俱乐部可以设立会员推荐计划，鼓励现有会员介绍亲友入会，并为推荐成功的会员提供相应的奖励，如免费课程、折扣券等。

（3）免费体验

免费体验是吸引潜在客户的一种有效方式。例如，俱乐部可以定期举办免费公开课、免费体能评估、免费健康讲座等活动，让潜在客户亲身体验俱乐部的服务，增加他们的入会意愿。

（4）节日活动

节日活动是结合节庆日进行促销的方式。例如，俱乐部可以在情人节推出情侣健身套餐，在圣诞节推出家庭健身优惠等，吸引客户在节日消费。

健身俱乐部的营销策略是俱乐部成功运营的关键要素之一。通过精心设计的产品策略、合理的价格策略、有效的渠道策略和多样化的促销策略，俱乐部可以提升品牌知名度、吸引更多客户并增强客户忠诚度。在实施营销策略时，俱乐部应始终以客户需求为中心，灵活调整和优化策略，以适应不断变化的市场环境和客户需求。随着市场竞争的加剧，健身俱乐部需要不断创新和改进营销策略，确保在激烈的市场中保持竞争优势并实现长期的可持续发展。

三、数字营销与社交媒体

随着互联网和移动技术的快速发展，数字营销和社交媒体已成为健身俱乐部市场营销中不可或缺的重要组成部分。通过数字化手段，健身俱乐部能够更加精准地触达目标客户，提高品牌曝光度和客户参与度，最终实现客户转化与忠诚度的提升[94]。

(一)数字营销的基本概念

1. 数字营销的定义

数字营销（Digital Marketing）是指通过互联网、移动设备、社交媒体、搜索引擎和其他数字化渠道，向目标客户推广产品和服务的一系列活动。数字营销包括搜索引擎优化（SEO）、搜索引擎营销（SEM）、内容营销、电子邮件营销、社交媒体营销、付费广告等多个方面[95]。相比传统营销，数字营销具有更强的互动性、精准性和可测量性，能够帮助企业在竞争激烈的市场中脱颖而出。

2. 数字营销在健身俱乐部中的应用

在健身俱乐部中，数字营销的应用可以帮助俱乐部更有效地吸引新客户、维护现有客户，并提升整体品牌形象[96]。以下是数字营销在健身俱乐部中的五种常见应用。

（1）搜索引擎优化

通过优化俱乐部网站的内容和结构，提升其在搜索引擎中的排名，增加网站的自然流量。例如，俱乐部可以在网站上发布与健身相关的高质量文章、课程介绍、成功案例等内容，并通过关键词优化，提升在搜索引擎中的排名，从而吸引更多潜在客户访问。

（2）搜索引擎营销

通过付费广告在搜索引擎上推广俱乐部的服务，吸引目标客户。例如，俱乐部可以通过平台投放关键词广告，当用户搜索相关健身关键词时，俱乐部的广告会出现在搜索结果的顶部，增加曝光率和点击率。

（3）内容营销

通过创造和分享有价值的内容，吸引目标客户并建立品牌权威性。健身俱乐部可以定期在博客、视频频道、社交媒体平台上发布健身知识、训练技巧、饮食建议等内容，帮助客户解决实际问题，并增强他们对俱乐部的信任和认可。

（4）电子邮件营销

通过向客户发送定制化的电子邮件，保持与客户的持续沟通和互动。例如，俱乐部可以向会员定期发送课程推荐、健康资讯、优惠活动等邮件，增强客户的参与度和忠诚度。

（5）移动营销

通过移动 App、短信营销、二维码等方式，提升客户的移动体验。健身俱乐部可以开发自己的移动 App，提供在线课程预订、会员管理、健身数据跟踪等功能，方便会员随时随地管理自己的健身计划。此外，俱乐部还可以通过短信推送重要通知、优惠信息等，提高客户的参与感和满意度。

3. 数字营销的优势

数字营销相较于传统营销，具有多个显著优势。

（1）精准性

数字营销能够通过大数据分析和用户行为跟踪，精准定位目标客户群体，实现个性化的营销推广。健身俱乐部可以根据客户的搜索行为、浏览记录、地理位置等信息，制定更有针对性的营销策略，提升转化率。

（2）互动性

数字营销能够通过社交媒体、电子邮件、直播等渠道，与客户进行实时互动，增强客户的参与感和忠诚度。例如，俱乐部可以通过社交媒体平台与客户互动，解答他们的问题，分享健身经验，增强客户与品牌之间的联系。

（3）可测量性

数字营销的效果可以通过多种工具进行精确测量和分析，如网站流量、点击率、转化率、客户获取成本（CAC）等。健身俱乐部可以通过以上数据实时调整营销策略，优化广告投放，提高投资回报率。

（4）灵活性

数字营销具有高度的灵活性，俱乐部可以根据市场需求和客户反馈，快速调整营销内容和投放渠道。例如，俱乐部可以根据某一时间段的客户需求变化，立即调整广告内容或暂停不再有效的营销活动，确保营销效果的最大化。

（二）社交媒体营销与品牌推广

1. 社交媒体营销的定义

社交媒体营销（Social Media Marketing）是通过社交媒体平台与目标客户互动，提升品牌知名度、吸引客户和促进销售的一种数字营销形式[97]。

社交媒体营销不仅包括广告投放，还涵盖了内容发布、客户互动、品牌形象管理等多个方面。

2. 社交媒体在健身俱乐部中的应用

社交媒体已成为健身俱乐部吸引客户和提升品牌形象的重要渠道。通过社交媒体，俱乐部可以直接与目标客户互动，传播品牌价值，并通过用户生成内容（UGC）提升客户的参与感和忠诚度[98]。以下是社交媒体在健身俱乐部中的五种常见应用。

（1）品牌内容发布

健身俱乐部可以通过社交媒体平台发布品牌内容，如健身课程介绍、训练视频、客户成功故事、健康饮食建议等。以上内容不仅可以提升品牌曝光度，还可以传递俱乐部的专业性和服务价值，吸引更多潜在客户。

（2）实时互动

社交媒体为健身俱乐部提供了一个实时与客户互动的平台。例如，俱乐部可以通过直播健身课程、Q&A互动、社交媒体竞赛等方式，吸引客户参与，并即时解答他们的问题，增强客户的参与感和品牌忠诚度。

（3）用户生成内容

用户生成内容是指客户主动创作并分享与品牌相关的内容，如健身照片、训练心得、健身成果展示等。健身俱乐部可以鼓励会员在社交媒体上分享他们的健身经历，并通过点赞、评论、转发等方式扩大UGC的传播，形成品牌口碑效应。例如，俱乐部可以发起社交媒体挑战赛，鼓励会员上传他们的训练视频或健身前后的对比照片，激励更多用户参与和分享。

（4）社交广告投放

社交媒体平台提供了精准的广告投放功能，健身俱乐部可以根据目标客户的兴趣、年龄、地理位置、行为数据等，精准投放广告。例如，俱乐部可以在社交平台上投放课程推广广告，吸引潜在客户点击并注册。此外，俱乐部还可以通过再营销广告，向访问过俱乐部网站或社交媒体页面的用户再次展示相关广告，增强客户的品牌记忆并促进转化。

（5）社区建设

健身俱乐部可以利用社交媒体平台创建会员社区，增强客户的归属感和品牌黏性。例如，俱乐部可以在社交平台上创建会员专属群组，定期发布健身资讯、分享健康饮食食谱、组织线上活动等，促进会员之间的互动和交流。

3. 社交媒体品牌推广策略

在社交媒体上成功推广品牌，健身俱乐部需要制定系统的品牌推广策略，并持续优化和调整。以下是一些关键策略。

（1）明确品牌定位与声音

健身俱乐部在社交媒体上推广品牌时，首先需要明确品牌的定位和声音。品牌定位是指俱乐部希望在客户心中树立的形象和价值，如"高端奢华""专业科学""年轻活力"等。品牌声音是俱乐部在社交媒体上的沟通风格，如"亲切友好""权威专业""幽默有趣"等。明确的品牌定位和一致的品牌声音有助于俱乐部在社交媒体上传递统一的品牌形象，增强客户的认同感和信任感。

（2）制定内容策略

内容是社交媒体营销的核心，健身俱乐部应制定系统的内容策略，包括内容类型、发布频率、互动方式等。例如，俱乐部可以定期发布训练视频、健康贴士、会员故事等，并通过问答、投票、直播等形式增强客户的互动性和参与度。内容策略还应考虑到不同社交媒体平台的特点和用户行为，制订差异化的内容计划。

（3）利用影响者营销

影响者（Influencer）是指在社交媒体上拥有大量粉丝并具有影响力的用户。健身俱乐部可以通过与健身领域的影响者合作，扩大品牌的曝光度和影响力。例如，俱乐部可以邀请健身网红或专业健身教练代言或参与品牌活动，通过他们的社交媒体账号分享品牌内容，吸引更多潜在客户关注。

（4）监测与分析社交媒体表现

社交媒体营销的效果需要通过持续的监测和分析来评估。健身俱乐部应使用社交媒体分析工具跟踪关键指标，如粉丝增长率、内容互动率、点击率、转化率等。通过分析以上数据，俱乐部可以了解哪些内容和策略最为有效，并据此优化社交媒体营销计划。

4. 社交媒体营销的成功案例

案例一：Nike Training Club 的社交媒体成功

Nike Training Club（NTC）是一款由耐克推出的健身 App，通过提供高质量的训练课程和个性化健身计划，吸引了大量用户。NTC 通过社交媒体平台，发布训练视频、挑战赛和会员故事，激励用户参与健身。此外，NTC 通过与健身影响者合作，在社交媒体上推广品牌，扩大了品牌影响力并增强了用户的参与感。

案例二：CrossFit 的社交媒体社区建设

CrossFit 是一项高强度间歇训练（HIIT）的健身品牌，以其全球性的社交媒体社区而闻名。CrossFit 通过社交媒体平台，创建了一个庞大的在线社区，鼓励会员分享他们的训练经验和成果。CrossFit 还通过社交媒体挑战赛、全球赛事直播、会员故事分享等方式，增强了品牌的社交媒体影响力和客户的品牌忠诚度。

案例三：Peloton 的数字营销与社交媒体策略

Peloton 是一家专注于智能健身设备和在线健身课程的品牌，通过精准的数字营销和社交媒体策略，实现快速增长。Peloton 在社交媒体平台上发布高质量的课程内容、会员成功故事和品牌活动，同时通过再营销广告吸引潜在客户。此外，Peloton 还通过会员社群和社交媒体挑战赛，增强了用户的参与感和品牌黏性。

数字营销和社交媒体为健身俱乐部提供了强大的工具，帮助俱乐部更精准地触达目标客户，提升品牌知名度和客户参与度。通过有效的数字营销策略，俱乐部可以在竞争激烈的市场中脱颖而出，实现客户转化与忠诚度的提升。而社交媒体作为品牌推广的重要渠道，通过内容发布、用户互动、影响者营销等方式，能够有效增强品牌的社交影响力，建立强大的客户社区。随着数字技术的不断发展，健身俱乐部应持续优化和创新其数字营销和社交媒体策略，确保在不断变化的市场环境中保持竞争优势并实现长期成功。

第六章　健身模式的科技与创新

在现代健身产业中,科技的迅猛发展正深刻改变着健身俱乐部的运营模式和客户体验。智能健身设备、可穿戴技术、虚拟教练等创新应用,正在为健身爱好者提供更加个性化、数据驱动和互动性强的健身体验。这一章将探讨科技在健身俱乐部中的应用,特别是可穿戴设备、健康监测、智能健身器械和虚拟教练等方面的创新。

一、智能健身设备与科技应用

(一) 可穿戴设备与健康监测

1. 可穿戴设备的概念与应用

可穿戴设备是指能够穿戴在人体上并通过传感器收集生理数据的智能设备。在健身领域,可穿戴设备包括智能手表、健身追踪器、心率带、智能运动鞋等,以上设备能够实时监测用户的运动数据和健康状况,并为其提供个性化的健身建议[99]。

(1) 运动数据监测

可穿戴设备可以记录用户的运动数据,如步数、跑步距离、消耗卡路里、心率、睡眠质量等。以上数据能够帮助用户更好地了解自己的运动状态,调整健身计划,达到更好的健身效果。例如,Fitbit、Apple Watch 等设备能够通过智能算法分析用户的日常活动水平,给出科学的运动建议,帮助用户设定并实现个人健身目标。

(2) 健康监测

除了运动数据,可穿戴设备还能够监测用户的健康状况,如血压、血氧饱和度、心率变异性等。以上数据对于有慢性病史或对健康状况关注较高的用户来说尤为重要。例如，Apple Watch 通过心电图（ECG）功能，可以检测用户的心率异常，提前预警心脏问题，帮助用户及早就医。

2. 可穿戴设备对健身俱乐部的影响

可穿戴设备为健身俱乐部提供了新的服务模式和商业机会。以下是可穿戴设备对健身俱乐部的三种主要影响。

（1）数据驱动的个性化服务

通过可穿戴设备收集的用户数据，健身俱乐部能够为每位会员提供更加精准和个性化的健身服务。例如，俱乐部可以根据会员的运动数据和健康指标，订制专属的健身计划，并通过 App 实时调整训练强度和频率。这种数据驱动的服务模式不仅提升了客户体验，还增加了客户的忠诚度和满意度。

（2）互动与激励机制

健身俱乐部可以利用可穿戴设备的数据，设计互动和激励机制，增强会员的参与感和动力。例如，俱乐部可以通过 App 设立运动挑战赛，鼓励会员完成每日步数或消耗卡路里的目标，并为完成目标的会员提供奖励。这种互动机制不仅能够提升会员的运动积极性，还可以增强俱乐部的社群氛围。

（3）远程健康管理与监测

通过可穿戴设备的健康监测功能，健身俱乐部可以为会员提供远程健康管理服务。例如，俱乐部可以为有特定健康需求的会员提供在线健康咨询、远程健康监控服务，帮助会员在家中或工作中也能保持健康的生活方式。这种远程服务模式扩大了俱乐部的服务范围和客户黏性。

3. 可穿戴设备的未来趋势

随着技术的进步，可穿戴设备将在未来继续发展并在健身俱乐部中发挥更大的作用。以下是未来可穿戴设备的三种发展趋势。

（1）多功能化与精确度提升

未来的可穿戴设备将整合更多功能，如血糖监测、肌肉疲劳检测、情绪识别等，提供更全面的健康数据。同时，随着传感技术和数据分析算法的进步，设备的数据精度将进一步提升，为用户提供更准确的健康监测和健身指导。

(2) 与物联网的深度融合

未来的可穿戴设备将与其他智能设备和物联网平台深度融合，形成更加智能化的健身生态系统。例如，设备可以与智能家居、智能健身器械联动，自动调节环境和设备参数，为用户提供最优化的健身体验。

(3) 个性化与定制化服务

未来的可穿戴设备将更加注重个性化和定制化，通过 AI 技术分析用户的长期健康数据，提供更加个性化的健身建议和健康管理服务，进一步提升用户体验和健康管理效果。

(二) 智能健身器械与虚拟教练

1. 智能健身器械的概念与应用

智能健身器械是指结合了传感器、物联网技术和人工智能的健身设备，以上设备能够实时监测用户的训练情况，提供互动反馈和个性化的训练指导[100]。智能健身器械的应用大大提升了用户的训练效果和体验。

(1) 实时数据监测与反馈

智能健身器械能够实时监测用户的训练数据，如力量、速度、姿势、心率等，并通过屏幕或 App 即时反馈。例如，Peloton 的智能动感单车能够实时监测用户的骑行数据，并通过屏幕显示课程指导和数据反馈，帮助用户调整训练强度和姿势，提升训练效果。

(2) 个性化训练计划

智能健身器械可以根据用户的身体状况、训练目标和数据分析，自动生成个性化的训练计划。例如，智能跑步机可以根据用户的体能水平自动调整跑步速度和坡度，并根据用户的心率实时调整训练强度，确保用户在安全范围内达到最佳训练效果。

(3) 虚拟教练与互动体验

智能健身器械通常配备虚拟教练功能，通过 AI 技术模拟真人教练的指导，提供互动式的训练体验。例如，智能镜子能够在屏幕上显示虚拟教练，通过视频和音频引导用户完成训练动作，并实时纠正用户的姿势。这种互动体验不仅提高了训练的趣味性，还能够替代部分传统的私人教练服务，降低用户的健身成本。

2. 智能健身器械对健身俱乐部的影响

(1) 提升客户体验与满意度

智能健身器械通过个性化的训练计划和实时反馈，帮助用户更有效地达到健身目标，提升了用户的体验感和满意度。俱乐部可以通过引入智能器械，提供更高质量的训练服务，吸引更多的客户并提升会员留存率。

(2) 数据驱动的健身管理

智能健身器械收集的大量用户数据为健身俱乐部提供了宝贵的管理信息。俱乐部可以通过分析以上数据，了解会员的健身习惯、需求变化，从而优化课程设置、教练安排和服务内容，提升整体运营效率。

(3) 降低成本与提高效率

虚拟教练功能能够替代部分传统的私人教练服务，降低俱乐部的人力成本。同时，智能健身器械的自适应训练功能能够自动调整设备参数，减少了设备的维护和人工干预需求，提高了运营效率。

3. 智能健身器械的未来趋势

智能健身器械的未来发展将进一步推动健身俱乐部的科技化和智能化。

(1) 虚拟现实与增强现实（VR/AR）技术

未来，智能健身器械将更多地结合 VR/AR 技术，为用户提供沉浸式的健身体验。例如，用户可以通过 VR 头盔体验虚拟场景中的户外跑步、攀岩等活动，增加训练的趣味性和多样性。

(2) 机器学习与 AI 教练

未来的智能健身器械将通过机器学习技术不断优化虚拟教练的指导能力，提供更加精准和个性化的训练建议。这种 AI 教练将能够识别用户的细微动作错误，并提供即时纠正，提高训练的安全性和效果。

(3) 社交化与社区化

未来的智能健身器械将更加注重社交功能，用户可以通过设备与全球其他用户互动，参与线上挑战赛、分享训练成果等。这种社交化功能将增强用户的参与感和动力，形成更紧密的用户社区。

科技的进步正在重塑健身俱乐部的运营方式和客户体验。通过可穿戴设备、智能健身器械和虚拟教练等创新应用，健身俱乐部可以为会员提供更加个性化、数据驱动和互动性强的健身服务。以上科技应用不仅提升了用户的体验和满意度，还为俱乐部带来了新的商业机会和运营效率的提升。随着科技的进一步发展，健身俱乐部应持续关注和应用最新的科技成果，确保在市场中保持竞争优势并实现长期成功。

二、大数据与个性化健身

随着科技的不断进步，大数据在健身产业中的应用日益广泛。健身俱乐部通过数据分析可以更好地理解会员的需求和行为，为他们量身定制个性化的健身方案。这种数据驱动的健身方式不仅提升了会员的体验和效果，还帮助俱乐部优化运营，增强竞争力。下面将探讨大数据在健身方案制定和运动表现分析中的应用。

（一）数据驱动的健身方案

1. 大数据在健身中的作用

大数据是指通过各种渠道收集到的大量、多样化的用户数据，以上数据可以为健身俱乐部提供深入的客户洞察，帮助俱乐部为会员制定个性化的健身方案[101]。通过大数据分析，俱乐部可以了解会员的健康状况、运动习惯、饮食偏好、健身目标等，从而提供更精确和有效的健身指导。

（1）会员健康数据收集与分析

健身俱乐部可以通过可穿戴设备、智能健身器械和健康App等渠道，收集会员的身体指标（如心率、体脂率、血压等）、运动数据（如步数、消耗卡路里、运动频率等）和生活习惯数据（如睡眠质量、饮食结构等）。以上数据为俱乐部提供了会员的全面健康画像，帮助教练制定更符合会员实际需求的健身方案。

（2）个性化健身方案制定

基于大数据分析，健身俱乐部可以为每位会员制定个性化的健身方案。例如，对于体脂率较高且希望减肥的会员，俱乐部可以设计以有氧运动和高强度间歇训练为主的训练计划；对于需要增强肌肉力量的会员，则可以制定以力量训练为主的方案。此外，俱乐部还可以根据会员的运动数据实时调整健身方案，确保会员在安全范围内最大限度地提高训练效果。

（3）动态健身计划调整

健身是一个动态的过程，会员的体能状态和健身需求可能会随着时间发生变化。通过大数据分析，健身俱乐部可以实时监测会员的训练进展，并根据会员的实际表现和反馈动态调整健身计划。例如，当会员的运动表现达到设定的目标时，系统可以自动提高训练强度；如果会员在训练过程中感到疲惫或表现下降，系统可以建议适当地休息或调整训练内容。这种动态调整确保了健身方案的灵活性和有效性，帮助会员持续进步。

2. 数据驱动健身方案的优势

大数据驱动的个性化健身方案具有多个显著优势。

（1）精准性

通过大数据分析，健身方案可以更加精准地匹配会员的个人需求和身体状况，避免了传统健身方案中"一刀切"的问题。精准的健身方案能够提高训练的有效性，使会员更快、更安全地达到健身目标。

（2）可持续性

个性化的健身方案不仅考虑会员的当前状况，还能够根据会员的长期目标和进展动态调整，这种持续的个性化调整有助于保持会员的长期参与和积极性。

（3）客户体验提升

大数据驱动的个性化服务能够增强会员的满意度和忠诚度。会员会感受到俱乐部对其个人需求的关注和重视，从而更愿意长期留在俱乐部，并可能向他人推荐俱乐部的服务。

（4）科学性与安全性

基于数据的健身方案能够提供科学的训练建议，减少会员因错误训练导致的运动损伤风险。例如，通过监测心率和疲劳程度，系统可以提醒会员避免过度训练，保障训练过程的安全性。

（二）运动表现分析与反馈

1. 运动表现分析的原理

运动表现分析是通过对会员在训练过程中的各种数据进行监测和分析，评估会员的体能水平、技术动作和整体表现。这一分析过程依赖于各种传感器设备和数据分析工具，能够提供详尽的运动反馈，帮助会员优化训练方法。

(1) 数据采集

运动表现分析的第一步是通过可穿戴设备、智能健身器械、视频监控等手段采集会员的运动数据。以上数据包括力量、速度、加速度、心率、呼吸频率、姿势等。健身俱乐部通常会利用以上数据构建会员的运动表现档案，跟踪他们的训练进展。

(2) 数据分析与评估

采集到的数据会通过数据分析软件进行处理和评估。系统可以自动分析会员的运动表现，并与既定的健身目标或行业标准进行对比。例如，系统可以评估会员的动作是否规范，训练强度是否适宜，心率变化是否正常等。如果发现问题，系统会提出改进建议或警示信息，帮助会员优化训练。

(3) 实时反馈与调整

运动表现分析的一个重要特点是能够提供实时反馈。健身俱乐部可以通过智能设备和屏幕显示，向会员实时反馈他们的运动表现，并给出调整建议。例如，在力量训练中，系统可以提醒会员调整握力、控制呼吸节奏，或提醒会员在心率过高时适当休息。这种实时反馈不仅提高了训练的有效性，还能够减少运动损伤的风险。

2. 运动表现分析的应用

运动表现分析在健身俱乐部中有广泛的应用场景。

(1) 技术动作优化

通过运动表现分析，健身俱乐部可以帮助会员优化技术动作。例如，在力量训练中，系统可以通过分析会员的姿势和力量分布，给出具体的调整建议，帮助会员更安全有效地完成动作。这对于初学者和希望提高运动技能的会员尤为重要。

(2) 体能评估与目标设定

运动表现分析可以对会员的体能进行全面评估，包括耐力、力量、柔韧性、速度等指标。基于以上评估结果，健身俱乐部可以为会员设定合理的训练目标，并定期评估目标的达成情况。这种科学的体能评估和目标设定能够有效提升训练的针对性和效果。

（3）运动损伤预防与康复

运动表现分析不仅有助于提升训练效果，还可以帮助预防运动损伤。例如，系统可以监测会员的疲劳程度和肌肉状态，提醒会员避免过度训练。此外，对于运动损伤后的会员，系统可以提供康复训练的指导，帮助会员安全、有效地恢复体能。

（4）个性化指导与激励

通过运动表现分析，健身俱乐部可以为会员提供个性化的指导和激励。例如，当会员完成了一项高难度训练或达成了新的运动目标时，系统可以自动给予奖励或鼓励信息，增强会员的成就感和继续训练的动力。

3. 运动表现分析的未来趋势

随着数据技术的进步，运动表现分析将继续向更精细化和智能化的方向发展。

（1）AI与机器学习的应用

未来，运动表现分析将更多地结合人工智能（AI）和机器学习技术，通过对大量训练数据的学习和优化，提供更精准和个性化的分析与建议。例如，AI可以自动识别会员的训练模式和弱点，并动态调整训练计划，以帮助会员更快地达成目标。

（2）多维度数据融合

未来的运动表现分析将整合更多维度的数据，如心理状态、生理周期、营养摄入等，提供更全面的训练建议和健康管理方案。这种多维度的数据融合将为会员提供更精确的健身指导，提升整体健康水平。

（3）虚拟现实与增强现实（VR/AR）

未来，运动表现分析可能结合VR/AR技术，提供更加直观和互动的训练反馈。例如，会员可以通过AR眼镜实时看到自己的动作轨迹和身体姿态，并根据虚拟教练的提示进行调整。这种沉浸式的训练体验将进一步增强训练的效果和乐趣。

大数据和运动表现分析的应用正在引领健身产业的个性化与科技化变革。通过数据驱动的健身方案和精细化的运动表现分析，健身俱乐部能够为会员提供更加精准、安全和有效的健身服务。这不仅提升了会员的健身效果和体验，也为俱乐部带来了新的竞争优势。随着技术的不断进步，健身俱乐部应积极采用最新的科技手段，推动个性化健身服务的进一步发展，确保在市场中保持领先地位。

三、虚拟现实与增强现实在健身中的应用

随着科技的飞速发展，VR 和 AR 技术正在改变着各行各业的面貌，健身产业也不例外。以上技术为健身带来了前所未有的创新和体验，能够将传统的健身活动与数字世界融合，提供更加沉浸式、互动性强和个性化的训练体验。通过 VR 和 AR 技术，健身俱乐部可以为会员创造出更加引人入胜的健身环境，增强用户的参与感和动机，从而提升整体健身效果和满意度。本章节将探讨 VR 与 AR 技术在健身中的应用场景及其未来的发展趋势，探索科技与健身的深度融合。

（一）VR 与 AR 的健身应用场景

1. VR 在健身中的应用

VR 是一种通过计算机生成虚拟环境并使用户沉浸其中的技术。在健身领域，VR 能够为用户提供全方位的沉浸式训练体验，通过逼真的虚拟场景和交互方式，极大地增强了健身的趣味性和互动性[102]。

（1）虚拟健身环境

VR 技术能够为健身爱好者提供多样化的虚拟健身环境，打破传统健身房的空间限制。例如，用户可以选择在虚拟的山林、沙滩、城市景观等场景中进行跑步、骑行、瑜伽等训练。以上虚拟环境不仅增加了训练的趣味性，还可以根据用户的喜好和需求进行个性化设置，提供更加丰富的健身体验。例如，用户可以在虚拟现实中体验各种极限运动，如攀岩、滑雪、冲浪等，而无需离开健身房。

（2）沉浸式团体课程

虚拟现实技术还可以用于团体健身课程，通过创建虚拟教室或健身房，用户可以与其他会员一起参与团体课程，并通过虚拟教练的引导完成训练。例如，VR 健身平台，提供了各种团体课程，用户可以在虚拟现实中与全球

各地的健身爱好者共同参与训练,并根据个人进度获得实时反馈和激励。这种沉浸式的团体课程不仅提升了用户的参与感,还能够通过社交互动增强健身动机。

(3) 个性化虚拟教练

通过虚拟现实技术,用户可以获得个性化的虚拟教练指导。虚拟教练可以根据用户的体能水平、训练目标和实时表现提供量身定制的训练计划,并在训练过程中给予指导和纠正。例如,VR健身应用如BoxVR和VZfit等,通过虚拟教练的语音和视觉提示,引导用户完成动作并调整姿势。这种个性化的训练体验不仅提高了训练的效果,还能够有效降低运动损伤的风险。

(4) 游戏化健身体验

VR技术将健身与游戏相结合,通过游戏化的健身体验,用户可以在娱乐的过程中完成训练任务。例如,Beat Saber是一款结合了音乐和运动的VR游戏,用户需要根据节奏击打飞来的方块,这一过程不仅锻炼了反应速度和手眼协调能力,还能够燃烧大量卡路里。通过这种方式,VR健身应用能够将单调的训练转变为有趣的游戏体验,增强用户的运动积极性。

(5) 心理训练与放松

除了传统的体能训练,VR技术还可以用于心理训练和放松,如冥想、呼吸练习、心理减压等。通过虚拟现实,用户可以进入一个平静、放松的虚拟环境,进行深呼吸、冥想等练习,帮助舒缓身心,增强心理健康。这种结合了身体和心理训练的全方位健身体验,将进一步提升用户的整体健康水平。

2. AR在健身中的应用

AR是一种通过计算机将虚拟元素叠加在现实世界中的技术。与VR不同,AR并不会完全屏蔽现实环境,而是将虚拟内容与现实场景相结合,为用户提供增强的视觉、听觉和互动体验。在健身领域,AR技术同样具有广泛的应用前景。

(1) 实时运动指导与反馈

AR技术可以为用户提供实时的运动指导和反馈,帮助他们更好地完成训练动作。例如,通过AR眼镜或智能手机,用户可以在运动过程中看到虚拟教练或指导信息叠加在现实场景中，指导他们完成正确的动作和姿势。AR 技术还可以通过体态识别，实时分析用户的运动表现，并给出调整建议。这种实时的运动反馈不仅能够提高训练的准确性，还可以帮助用户避免常见的运动损伤。

（2）交互式训练计划

通过 AR 技术，健身俱乐部可以为会员提供交互式的训练计划，用户可以在现实环境中与虚拟元素互动，完成各种健身任务。例如，用户可以通过 AR 应用看到虚拟的锻炼目标和挑战，如跨越虚拟障碍、击打虚拟物体等，并根据系统的指导完成训练。这种交互式训练不仅增加了训练的趣味性，还能够帮助用户更好地坚持健身计划。

（3）增强现实的团体健身活动

AR 技术可以增强团体健身活动的互动性和参与感。例如，健身俱乐部可以通过 AR 应用为会员提供虚拟的训练伙伴或竞争对手，用户在现实世界中完成训练的同时，可以看到虚拟伙伴的表现，并与之竞争或合作。这种增强的团体活动能够增强用户的社交互动，提高健身的乐趣和效果。

（4）运动数据可视化

AR 技术可以将用户的运动数据实时可视化，帮助他们更直观地了解自己的训练状态。例如，用户可以通过 AR 眼镜或手机屏幕，看到自己的心率、消耗卡路里、运动轨迹等数据叠加在现实场景中。这种实时的数据可视化不仅能够提高用户的训练意识，还可以帮助他们及时调整训练强度和节奏，达到更好的健身效果。

（5）AR 户外训练

AR 技术还可以应用于户外训练，为用户提供增强的运动体验。例如，在跑步或骑行过程中，AR 应用可以在用户的视野中叠加虚拟的导航信息、训练目标或挑战任务，增强运动的趣味性和参与感。AR 户外训练不仅丰富了用户的运动选择，还能够激励他们探索新的训练方式和环境。

3.VR 与 AR 结合的混合现实健身

随着技术的发展，VR 和 AR 的结合（即混合现实，MR）正在成为健身领域的新趋势。混合现实能够将虚拟内容与现实环境无缝融合，为用户提供更加沉浸式和互动性强的健身体验。

（1）混合现实健身环境

混合现实技术可以为用户创造一个虚实融合的健身环境。例如，用户可以在现实的健身房中看到虚拟的训练器械或教练，并与之互动。通过混合现实，用户不仅能够享受现实环境的真实感，还能够体验虚拟世界的无限可能性，提升健身的乐趣和效果。

（2）虚拟与现实的无缝切换

混合现实技术能够实现虚拟与现实的无缝切换，用户可以根据需求在虚拟训练和现实训练之间自由切换。例如，用户可以在现实中完成力量训练后，立即进入虚拟现实中进行有氧运动或冥想练习。通过这种无缝切换，健身俱乐部可以为会员提供更加丰富和多样化的训练选择，满足不同用户的健身需求。

（3）增强的社交互动

混合现实技术还可以增强用户之间的社交互动，提升团体健身活动的参与感和乐趣。例如，用户可以在混合现实中看到其他会员的虚拟形象，并与之互动和合作，共同完成训练任务。这种增强的社交互动不仅增加了健身的乐趣，还能够激发用户的运动积极性和社群归属感。

（二）未来科技与健身的融合

1. 未来 VR 与 AR 技术的发展趋势

随着技术的不断进步，VR 和 AR 技术在健身领域的应用将更加广泛和深入。

（1）技术的成熟与普及

随着 VR 与 AR 硬件和软件的不断改进，以上技术将更加成熟和普及。设备的成本将逐步降低，用户的使用门槛也会降低，使得更多的健身爱好者能够享受到 VR 与 AR 带来的创新健身体验。

（2）内容的多样化与定制化

未来，VR 与 AR 健身内容将更加多样化和定制化，能够满足不同用户的健身需求。开发者将为不同的健身目标、体能水平和兴趣爱好设计个性化的健身内容，从而提供更加精准和有效的训练方案。

（3）与其他前沿技术的融合

VR与AR技术将在健身领域与其他前沿技术（如AI、大数据、物联网等）深度融合。例如，AI将为VR/AR健身提供更加智能化的虚拟教练和个性化训练计划，物联网将实现设备之间的无缝连接和数据共享，为用户提供全方位的健康管理服务。

（4）社交与社区的增强

未来，VR与AR健身将更加注重社交功能和社区建设。用户不仅可以与虚拟教练互动，还可以通过虚拟平台与全球其他健身爱好者交流和合作，形成强大的健身社群[103]。这种社交与社区的增强将进一步提升用户的健身动机和参与感。

2. 科技与健身的融合趋势

未来，科技与健身的融合将不仅限于VR与AR技术，还将涉及更广泛的领域，推动健身产业的全面数字化和智能化。

（1）人工智能与健身

人工智能将在健身领域发挥越来越重要的作用。AI技术将为健身俱乐部提供更智能的客户管理系统、个性化的健身指导和数据分析服务。例如，AI教练可以实时监测用户的运动表现，提供即时反馈和调整建议，并通过持续学习优化训练方案。

（2）大数据与个性化健身

大数据将为健身俱乐部提供更加全面和深入的客户洞察，帮助俱乐部为会员制定个性化的健身方案。通过对会员健康数据、运动习惯、饮食偏好等信息的分析，俱乐部可以为每位会员提供精准的健身指导，提升整体训练效果和客户满意度。

（3）物联网与智能健身设备

物联网技术将推动智能健身设备的互联互通，为用户提供更加便捷和高效的健身体验。未来，用户可以通过物联网设备随时监控自己的健康数据，并与健身俱乐部的系统无缝对接，获得个性化的健身服务。

（4）虚拟教练与远程健身

随着科技的发展，虚拟教练和远程健身服务将成为健身产业的重要趋势。用户可以通过虚拟平台获得专业的教练指导，无论身处何地都能进行高效的训练。虚拟教练还可以根据用户的训练进展和反馈，实时调整训练计划，确保用户在安全范围内达到最佳效果。

（5）沉浸式体验与游戏化健身

未来的健身体验将更加沉浸式和游戏化，用户可以通过VR/AR技术进入虚拟世界，完成各种有趣的健身任务和挑战。这种游戏化的健身体验将增强用户的运动积极性，使健身过程更加有趣和具有吸引力。

（6）全方位健康管理与综合服务

未来，科技将推动健身俱乐部从单一的健身服务提供者向全方位健康管理服务商转型。通过整合各种科技手段，健身俱乐部可以为会员提供涵盖运动、营养、心理、康复等多个方面的综合健康管理服务，提升会员的整体健康水平。

3. 健身俱乐部的未来创新策略

为了在未来的科技与健身融合中保持竞争优势，健身俱乐部需要制定并实施一系列创新策略。

（1）技术投资与设备升级

健身俱乐部应积极投资于VR/AR设备和智能健身器械的引入与升级，确保能够提供最新、最先进的健身体验。俱乐部还应与科技公司和内容开发商合作，开发定制化的VR/AR健身内容，满足会员的多样化需求。

（2）数据驱动的客户管理

健身俱乐部应充分利用大数据和人工智能技术，提升客户管理的精准度和效率。通过数据分析，俱乐部可以深入了解会员的健身习惯、需求和偏好，为他们提供个性化的服务和指导，增强会员的忠诚度和满意度。

（3）多渠道服务与远程健身

健身俱乐部应拓展服务渠道，提供线上线下结合的健身服务。通过远程健身平台，俱乐部可以为无法到店的会员提供虚拟教练指导和在线课程，扩大服务覆盖面并提升客户黏性。

（4）社区建设与社交互动

健身俱乐部应加强社区建设，利用社交媒体和虚拟平台打造紧密的会员社群。通过组织线上线下活动、互动挑战赛等方式，增强会员之间的社交互动，提升俱乐部的品牌忠诚度和市场影响力。

（5）整合健康管理服务

健身俱乐部应向综合健康管理服务商转型，提供涵盖运动、营养、心理、康复等全方位的健康管理服务。通过整合多种服务内容，俱乐部可以为会员提供更加全面和高效的健康管理方案，提升整体服务质量和市场竞争力。

虚拟现实与增强现实技术正以前所未有的方式改变着健身产业，为用户提供了更加沉浸式、互动性强和个性化的训练体验。以上技术不仅提升了用户的健身效果和满意度，还为健身俱乐部带来了新的商业机会和服务模式。随着科技的不断进步，VR与AR技术将在健身领域发挥越来越重要的作用，并与其他前沿技术深度融合，推动健身产业的全面数字化和智能化。健身俱乐部应积极拥抱以上技术变革，通过创新策略提升服务水平和竞争力，确保在未来的市场中保持领先地位。

第七章 案例分析与成功经验

在全球健身市场竞争日益激烈的背景下，一些领先的健身品牌凭借其独特的竞争战略和创新的管理实践，成功树立了标杆地位。无论是在我国本土市场还是全球范围内，这些品牌通过不断地战略调整和管理创新，确保了持续的增长和市场领先地位。本章将探讨我国知名健身品牌和全球领先健身品牌的成功案例，分析他们的竞争战略与管理实践，以期为健身行业从业者提供有价值的借鉴。

一、我国知名健身品牌案例

（一）威尔仕健身

威尔仕健身（Will's Fitness）是我国知名的连锁健身俱乐部品牌，自1996年成立以来，凭借高端定位、专业服务和优质设施，迅速成为我国高端健身市场的佼佼者。

高端定位与差异化竞争，威尔仕健身选择了高端市场作为其核心定位，通过提供一流的设施、专业的私人教练服务和个性化健身方案，满足了高收入人群对健身品质的高要求。威尔仕健身俱乐部的选址通常位于一线城市的高档商业区或高级住宅区，确保吸引高端客户群体。

会员制经营模式，威尔仕健身采用会员制经营模式，提供多样化的会员卡种类，如年卡、季卡和VIP卡等，满足不同客户的需求。通过会员制，威尔士健身能够保证客户的长期忠诚度，并通过预付费的方式获得稳定的现金流。

专业教练与个性化服务，威尔仕健身非常注重教练团队的专业性，通过严格的招聘和培训体系，确保教练具备国际认证的资质和丰富的实战经验。威尔仕健身为会员提供一对一的私人教练服务，根据每位会员的身体状况和健身目标，制订个性化的训练计划，确保每位会员都能获得最佳的健身效果。

品牌形象与市场推广，威尔仕健身通过高端的品牌形象和精准的市场推广，成功吸引了大量高端客户群体。威尔仕健身在品牌推广中强调健康、品质和奢华的生活方式，通过与高端时尚品牌的跨界合作、举办 VIP 客户活动等方式，进一步提升品牌的知名度和美誉度。

（二）乐刻健身

乐刻健身是一家主打 24 小时自助健身的小型健身房品牌，成立于 2015 年，通过智能化管理和社区化运营，迅速在我国健身市场中崛起。

智能化管理与低成本运营，乐刻健身通过智能化管理系统，实现了健身房的无人化运营，从而大大降低了人力成本和运营成本。会员可以通过手机 App 进行自助开门、预约课程和支付费用等操作，这种智能化管理不仅提升了用户体验，还降低了俱乐部的运营压力。

社区化运营与会员互动，乐刻健身非常注重社区化运营，通过 App 和社交媒体平台与会员保持紧密互动。乐刻的 App 不仅是一个健身管理工具，更是一个会员交流的平台，用户可以在 App 上分享健身心得、组建兴趣小组、参加线上线下的健身活动等。社区化的运营方式增强了会员的归属感和黏性。

灵活的会员模式，乐刻健身提供灵活的会员模式，如月卡、次卡、年卡等，满足不同用户的需求。乐刻的会员卡价格相对亲民，吸引了大量年轻人和白领群体。同时，乐刻还提供分时段的低价优惠，进一步降低了用户的健身门槛。

快速扩张与品牌建设，通过低成本的运营模式和灵活的会员制度，乐刻健身在短时间内迅速扩展了市场份额。乐刻健身在品牌建设中强调"科技＋健身"的理念，吸引了大量注重性价比的年轻用户群体。乐刻还通过合作推广、社交媒体营销等方式，提升了品牌的知名度。

二、全球领先的健身品牌成功案例

（一）Planet Fitness

Planet Fitness 是全球知名的低价健身俱乐部品牌，其独特的经营模式和成功的品牌定位使其在全球范围内迅速扩展。

"不评判区"品牌定位，Planet Fitness 的品牌定位非常独特，强调"Judgement Free Zone"（不评判区），鼓励所有人无论健身水平如何，都可以在这里感到舒适和自在。通过这种品牌定位，Planet Fitness 成功吸引了大量健身初学者和对传统健身房感到不适的客户。

低价会员模式，Planet Fitness 采用低价会员模式，提供月费仅 10 美元的基本会员卡，极大地降低了健身的门槛。通过低价策略，Planet Fitness 能够吸引大量的客户，尤其是那些对价格敏感的用户群体。

标准化运营与规模经济，Planet Fitness 通过高度标准化的运营模式，确保所有俱乐部都能够提供一致的服务质量和客户体验。这种标准化的管理模式不仅降低了运营成本，还实现了规模经济，使得 Planet Fitness 能够在全球范围内迅速扩张。

会员服务与客户体验，虽然定位于低价市场，但 Planet Fitness 并没有牺牲客户体验。俱乐部提供基本但优质的设施，并通过友好的服务态度和干净的环境，确保会员感受到舒适和满足。此外，Planet Fitness 还提供免费的小型团体课程和健身指导，帮助会员更好地利用健身设施。

（二）Equinox

Equinox 是一家定位高端市场的健身俱乐部品牌，以奢华的设施、专业的服务和个性化的会员体验著称。

奢华定位与高端品牌形象，Equinox 将自己定位为高端健身品牌，通过提供顶级的健身设施、豪华的装修风格和优雅的环境，吸引了大量高收入客户群体。Equinox 的俱乐部通常设立在一线城市的高档区域，进一步强化了其高端品牌形象。

个性化服务与专业教练，Equinox 提供高度个性化的服务，包括私人教练、一对一的健康咨询和定制化的训练计划。所有的教练都经过严格的筛选和培训，确保他们能够为会员提供最高水平的专业指导。此外，Equinox 还为会员提供营养咨询、健康评估和心理辅导等增值服务，打造全方位的健康管理体验。

会员制管理与客户忠诚度，Equinox 采用会员制管理模式，通过高端会员卡和定期的会员活动，增强客户的忠诚度。Equinox 的会员不仅享受健身服务，还可以参与俱乐部举办的各种社交活动和文化体验，这种综合的会员服务极大地提升了会员的品牌忠诚度。

市场推广与品牌跨界合作，Equinox 在市场推广中非常注重品牌形象的塑造和跨界合作。Equinox 与时尚品牌、艺术家、奢侈品合作，打造独特的品牌活动，提升了品牌的市场影响力和高端客户的吸引力。此外，Equinox 还通过社交媒体、时尚杂志等渠道推广品牌，增强了品牌的知名度和美誉度。

（三）Anytime Fitness

Anytime Fitness 是全球最大的 24 小时健身俱乐部连锁品牌，凭借灵活的运营模式和全球化的扩展策略，成为行业的领军者。

24 小时运营模式，Anytime Fitness 的核心竞争力在于其 24 小时全年无休的运营模式，会员可以随时进入健身房锻炼，这种灵活的时间安排极大地方便了不同作息时间的用户群体。通过这种模式，Anytime Fitness 吸引了大量的年轻人、上班族和夜间锻炼爱好者。

全球化扩展与加盟模式，Anytime Fitness 通过加盟模式迅速扩展全球市场，目前已在全球多个国家拥有数千家健身俱乐部。通过标准化的运营管理和品牌支持，Anytime Fitness 确保了所有加盟店的服务质量和品牌一致性。这种全球化的扩展策略不仅提升了品牌的国际影响力，还为公司带来了丰厚的收益。

会员社区与互动平台，Anytime Fitness 非常注重会员社区的建设，通过线上线下的互动平台，增强会员之间的交流和互动。例如，Anytime Fitness 提供了专属的会员 App，会员可以通过 App 进行课程预订、数据跟踪、社区互动等操作。这种社区化的运营模式提高了会员的参与感和忠诚度。

健康管理与增值服务，除了基本的健身设施外，Anytime Fitness 还为会员提供全面的健康管理服务，包括营养咨询、体能评估、康复训练等。这种多元化的服务内容增强了会员的整体体验，并帮助品牌在激烈的市场竞争中脱颖而出。

三、案例俱乐部的竞争战略与管理实践

通过以上案例分析，我们可以总结出这些成功健身品牌的竞争战略与管理实践的共同特点。

（一）品牌定位清晰

无论是高端定位的 Equinox，还是低价策略的 Planet Fitness，每一个成功的品牌都有着清晰的市场定位和独特的品牌形象。这种清晰的定位帮助品牌在竞争激烈的市场中找到自己的独特优势，并吸引了特定的目标客户群体。

（二）客户体验至上

这些成功的健身品牌都非常注重客户体验，通过高质量的服务、专业的教练团队和良好的环境，为会员提供超越预期的体验。这种以客户为中心的服务理念极大地提升了会员的满意度和忠诚度。

（三）灵活的运营模式

成功的健身品牌通常具有灵活的运营模式，能够迅速适应市场变化和客户需求。例如，Anytime Fitness 的 24 小时运营模式和乐刻健身的智能化管理模式，都是通过灵活的运营方式来满足客户的多样化需求，提升了品牌的竞争力。

（四）创新与技术应用

在当今的健身市场中，技术和创新是品牌竞争力的重要来源。无论是乐刻健身的智能化运营，还是 Planet Fitness 的低价策略，这些品牌都通过不断的技术创新和管理模式创新，提升了市场竞争力并创造了新的增长点。

（五）全球化扩展与本地化运营

对于那些拥有全球市场的健身品牌，如 Anytime Fitness，全球化扩展策略与本地化运营的结合是其成功的关键。这些品牌通过标准化的管理模式和品牌支持，确保了全球范围内的服务质量和品牌一致性，同时根据本地市

场的需求进行适当的调整,增强了品牌的市场适应性和影响力。

(六)社区化与社交互动

现代健身品牌越来越重视社区化运营和社交互动,通过线上线下的互动平台和社交活动,增强会员之间的联系和互动。这种社区化的运营模式不仅提升了会员的参与感和忠诚度,还帮助品牌形成了强大的社群效应。

通过对我国知名健身品牌和全球领先健身品牌的案例分析,我们可以看到,成功的健身品牌往往具有清晰的市场定位、卓越的客户体验、灵活的运营模式和持续的创新能力。这些品牌通过不断优化竞争战略和管理实践,成功在激烈的市场竞争中脱颖而出,成为行业的标杆。未来,随着市场环境的变化和科技的进步,健身品牌需要继续保持敏锐的市场洞察力,积极拥抱变化,才能在全球健身市场中保持竞争优势并实现持续增长。

四、个人成功健身创业故事

在我国,随着健康意识的不断提升,健身产业蓬勃发展,涌现出一批从零开始的创业者,他们凭借着创新的理念和坚韧的努力,在竞争激烈的市场中脱颖而出,成功建立了自己的健身品牌。下面将分享三个我国个人成功健身创业的故事,探讨他们的创业历程、关键成功因素以及从中总结出的宝贵经验。

(一)从零开始的健身创业成功故事

1. Keep:从健身 App 到综合性健身平台的成功之路

Keep 是我国最知名的健身 App 之一,其创始人王宁通过创新的数字化健身平台,将 Keep 从一个简单的健身 App 发展成为涵盖线上线下全方位服务的综合性健身品牌。

王宁最初的创业灵感来源于他对健身的热爱和对市场需求的敏锐观察。他发现,随着生活节奏的加快,许多年轻人虽然有健身的需求,但由于时间和空间的限制,难以长期坚持去健身房。基于这一洞察,王宁决定开发一款可以让用户随时随地进行健身的移动应用。

2015 年,王宁和他的团队推出了 Keep 健身 App,通过提供丰富的健身课程、专业的健身指导和社交功能,迅速吸引了大量用户。Keep 的用户不仅可以根据自己的健身目标选择适合的课程,还可以通过 App 记录运动数据,与社区内的其他用户互动。随着用户量的增加,Keep 逐渐扩展了其服务范围,推出了智能健身设备、健身食品以及线下健身空间 KeepLand,进一步巩固了其在健身市场的地位。

Keep 的成功归功于其精准的市场定位、强大的技术支持和良好的用户体验。王宁抓住了数字化和移动互联网的趋势,为广大用户提供了一个方便、专业且互动性强的健身平台。此外,Keep 不断扩展业务领域,通过线上线下的结合,建立了一个完整的健身生态系统,极大地增强了用户黏性和品牌影响力。

王宁的创业故事表明,抓住市场需求并通过技术创新实现产品差异化,是成功创业的关键。在健身产业中,创业者需要持续关注用户需求,通过不断创新和服务拓展,保持品牌的竞争力。同时,构建一个具有黏性的用户社区和全方位的健身生态系统,可以为品牌带来长期的增长和成功。

2. 乐刻健身:从单店经营到全国连锁的创业成功

乐刻健身的创始人韩伟,通过独特的"无人值守"健身房模式,成功将乐刻健身打造成我国知名的连锁健身品牌。

韩伟最初在杭州开设了一家传统的健身房,但他很快意识到,传统健身房存在着高成本、低效率和用户体验不佳等问题。为此,韩伟决定探索一种新的健身房经营模式,以提高运营效率并降低成本。

2015 年,韩伟推出了乐刻健身的第一家"无人值守"健身房。通过智能化管理系统,乐刻健身房实现了 24 小时开放,并且不再需要配备大量的工作人员,极大地降低了运营成本。用户可以通过乐刻 App 进行预约、支付、开门等一系列操作,享受便捷的自助健身服务。凭借这种创新模式,乐刻健身迅速吸引了大量用户,并在短短几年内扩展至全国多个城市,成为我国健身市场的一匹黑马。

乐刻健身的成功在于其"轻资产"的运营模式和智能化的管理体系。通过无人值守和智能管理,乐刻大幅降低了成本,提高了运营效率,并且能够迅速扩展市场。此外,乐刻还非常注重用户体验,通过 App 与用户建立紧密的互动关系,增强了用户的参与感和忠诚度。

韩伟的创业成功表明，在竞争激烈的市场中，创新的商业模式和技术应用是脱颖而出的关键。通过重新定义健身房的运营方式，乐刻实现了成本和效率的双赢。此外，重视用户体验并通过数字化手段提升用户互动，是建立强大品牌黏性的有效策略。

3. 健身环：我国创业者的智能健身创新

健身环是一款由我国创业者团队开发的智能健身设备，结合了互动游戏和健身功能，成功吸引了大量年轻用户，并在国内外市场获得了广泛认可。

随着智能设备的普及和家庭健身的兴起，越来越多的用户希望在家中享受专业的健身指导和互动体验。健身环的创始团队敏锐地捕捉到了这一市场机会，决定开发一款既能锻炼身体又充满娱乐性的智能健身设备。

健身环的开发团队通过结合健身器材和游戏元素，创造出了一种全新的互动式健身体验。用户通过佩戴智能环设备，能够在电视或电脑屏幕上进行各种健身游戏，如跑步、跳跃、击打等。设备通过实时监测用户的运动数据，为用户提供个性化的健身指导和反馈。自上市以来，健身环迅速走红，尤其在年轻用户中备受欢迎，并成功打入了国际市场。

健身环的成功离不开其创新的产品设计和对用户需求的精准把握。通过将健身与娱乐相结合，健身环不仅满足了用户的健身需求，还通过游戏化的体验提高了用户的参与度和乐趣。此外，健身环的智能化功能和便捷的使用方式，吸引了大量希望在家中健身的用户群体。

健身环的成功经验显示，产品的创新设计和对用户需求的深刻理解，是打造成功健身品牌的关键。创业者需要不断探索新的产品形态和服务模式，以应对市场的变化和用户需求的升级。此外，借助智能技术和互动体验，可以极大地提升产品的吸引力和市场竞争力。

（二）关键成功因素与经验分享

通过对以上个人成功健身创业故事的分析，可以总结出以下五个关键成功因素和宝贵经验。

1. 创新与差异化

无论是 Keep 的数字化健身平台、乐刻的无人值守健身房，还是健身环的智能互动设备，这些成功的创业项目都通过创新实现产品服务的差异化，满足市场上未被满足的需求。创新不仅是开辟市场的利器，更是建立竞争壁垒的重要手段。

2. 用户体验至上

成功的健身创业者都非常注重用户体验。他们通过个性化服务、智能化管理和便捷的操作方式，极大地提升了用户的满意度和忠诚度。在健身产业中，用户体验的提升往往能够带来显著的品牌黏性和口碑效应。

3. 技术赋能

在现代健身市场中，技术的应用已经成为提升竞争力的关键。通过数字化平台、智能设备和数据分析，创业者可以为用户提供更精准、更高效的健身服务，同时也可以大幅提升运营效率和管理水平。

4. 灵活的运营模式

成功的健身创业通常伴随着灵活的运营模式。例如，乐刻健身的轻资产模式使得其能够迅速扩展市场并降低运营风险，而 Keep 的线上线下结合模式则为其业务拓展提供了更多的可能性。灵活的运营模式能够帮助创业者在变化多端的市场环境中保持竞争力。

5. 品牌建设与社区运营

品牌建设和社区运营在成功的健身创业中扮演了重要角色。通过社交媒体、用户互动和品牌活动，创业者能够与用户建立紧密的情感联系，提升品牌的影响力和客户忠诚度。

我国的成功健身创业故事展示了创新、技术和用户体验在健身产业中的重要性。无论是数字化平台、智能健身设备，还是新颖的运营模式，这些创业者通过不断探索和实践，找到了符合市场需求的商业路径，并成功建立了自己的品牌。在未来的健身市场中，创业者需要继续以用户为中心，利用科技手段，不断创新，以应对市场变化和新的挑战。

第八章 健身产业未来发展趋势与挑战

健身产业在过去几十年中经历了快速发展，逐渐成为人们日常生活中不可或缺的一部分。随着科技的进步、消费者需求的变化以及全球化进程的推进，健身产业正面临着新的机遇和挑战。本章将探讨健身产业的未来发展趋势，特别是技术趋势和消费者需求的变化趋势，并分析这些趋势可能带来的挑战与应对策略。

一、健身产业的未来趋势

（一）健身产业的技术趋势

随着科技的不断进步，健身产业正在经历一场深刻的变革。新的技术应用不仅改变了传统的健身模式，也为消费者提供了更多的选择和更好的体验[104]。以下将详细探讨健身产业的三大技术趋势。

1. 数字化与智能化

（1）数字化健身平台的兴起

数字化是当前健身产业最为显著的技术趋势之一。随着互联网和移动设备的普及，越来越多的消费者选择通过数字化平台进行健身。数字化健身平台如 Keep、Peloton 等，已经成为市场的重要组成部分。

线上健身课程的流行得益于数字化平台的推广和内容的丰富。用户可以通过 App、网站或智能设备访问各种健身课程，无论是瑜伽、HIIT 还是舞蹈课，均可以根据自己的需求随时随地进行锻炼。数字化平台不仅提供了灵活性，还能够通过算法推荐适合用户的个性化课程。

通过数字化平台，用户的健身数据得以被系统化记录和分析，从而为用户提供更科学的健身指导。例如，用户可以通过智能手环、手机 App 等设备实时监测自己的心率、消耗卡路里、步数等数据，平台根据这些数据分析用户的健身进展，自动调整训练计划。这种数据驱动的健身管理不仅提高了训练效果，还能有效预防运动损伤。

数字化健身平台往往集成了社交功能，用户可以在平台上与朋友或陌生人互动，分享健身心得，参与挑战赛等。这种社交功能增强了用户的参与感和动力，进一步推动了健身习惯的养成。

（2）智能健身设备与可穿戴技术

智能化设备正在改变人们的健身方式，从家用智能健身器械到可穿戴设备，科技在健身中的应用已经极大地提升了用户体验。

智能健身器械如智能跑步机、动感单车、力量训练设备等，能够实时监测用户的运动数据，并通过屏幕或 App 提供反馈和指导。这些设备通常集成了虚拟教练功能，用户可以跟随屏幕上的虚拟教练进行训练，并根据提示调整姿势、速度或重量。此外，一些高端智能器械还能够与 VR 或 AR 技术结合，提供更加沉浸式的训练体验。

可穿戴设备如智能手表、健身手环等，已经成为健身爱好者的标配。通过这些设备，用户可以随时监测心率、步数、睡眠质量、血氧饱和度等健康数据。随着技术的进步，可穿戴设备的功能将更加多样化和精准化，如血糖监测、肌肉疲劳检测等。这些数据不仅帮助用户更好地管理健身过程，还为医生和健身教练提供了重要的健康参考。

（3）VR 与 AR 技术的应用

VR 和 AR 技术正在逐步应用于健身领域，为用户带来了前所未有的沉浸式体验。

通过 VR 技术，用户可以在虚拟世界中进行各种健身活动，如虚拟跑步、拳击、瑜伽等。用户佩戴 VR 头盔后，可以身临其境地进入虚拟健身房或户外场景，进行高强度的互动式训练。这种沉浸式体验不仅增加了训练的乐趣，还能够让用户专注于运动本身，提升训练效果。

AR 技术通过在现实环境中叠加虚拟元素，增强了用户的健身体验。例如，用户可以通过 AR 眼镜或手机看到虚拟的健身指导或目标，并在现实世界中与之互动。AR健身还可以用于户外训练，如虚拟的跑步路线、导航信息等，为用户提供更加丰富的运动体验。

（4）人工智能与个性化健身

人工智能（AI）在健身领域的应用，主要体现在个性化健身指导和智能化管理上。

AI技术可以通过对用户数据的分析，提供个性化的健身方案。AI健身教练可以根据用户的健康状况、健身目标、训练历史等，自动调整训练内容和强度，确保用户在安全范围内达到最佳训练效果。例如，AI教练可以根据用户的心率变化调整有氧训练的强度，或根据用户的肌肉疲劳程度推荐休息或拉伸。

AI技术还能够在健身俱乐部的运营管理中发挥重要作用。例如，通过AI分析会员的行为数据，俱乐部可以优化课程安排、设备配置和教练调度，提高运营效率。同时，AI还可以用于会员管理，自动识别潜在流失会员并采取针对性的留存措施，增强会员忠诚度。

2. 虚拟与现实的融合：混合健身模式

随着技术的进步，虚拟健身和现实健身的界限正在逐渐模糊，混合健身模式成为一种新的发展趋势。这种模式结合了线上与线下的优势，为用户提供了更加灵活和多样化的健身选择。

混合健身模式允许用户在健身房中进行传统的面对面训练，也可以在家中通过虚拟平台参与在线课程。这种灵活性使得用户可以根据自己的时间安排和个人喜好选择适合的健身方式。例如，用户可以在工作日通过在线课程保持日常锻炼，而在周末前往健身房进行更专业的训练。

在混合健身模式中，虚拟教练与现场教练可以互为补充。例如，用户可以在现场教练的指导下完成基础训练，回家后继续通过虚拟教练进行巩固训练。虚拟教练还可以实时监控用户的进展，并在下一次线下训练时提供给现场教练参考，确保训练的一致性和连续性。

混合健身模式依赖于跨平台的数据整合，用户的健身数据可以在不同设备和平台之间无缝传输和共享。例如，用户在智能跑步机上的训练数据可以自动同步到手机App，并与线上课程的数据结合，形成完整的训练档案。

这种数据整合为用户提供了更全面的健身管理方案,也为教练和平台提供了重要的决策支持。

3. 健身与健康管理的深度融合

随着健康意识的提高,健身已不再局限于运动本身,而是逐渐与全面的健康管理相结合。这种趋势要求健身产业提供更全面的服务,涵盖营养、心理健康、康复等多个方面[105]。

未来的健身平台将不仅仅提供运动课程,还会整合营养指导、心理辅导、健康监测等多项服务,形成全方位的健康管理平台。例如,用户可以在平台上获取个性化的饮食建议、参加线上冥想课程或接受远程健康咨询。这种综合性的服务不仅提升了用户的健康水平,还增强了平台的用户黏性。

随着可穿戴设备和智能家居设备的普及,用户的健康数据来源更加多样化。这些数据的整合与应用将成为未来健身产业的重要趋势。例如,用户的运动数据、饮食数据、睡眠数据、压力水平等都可以被整合到一个健康管理系统中,形成用户的全面健康画像。平台可以基于这些数据提供个性化的健康建议,并与医生、营养师等专业人员进行数据共享,形成闭环的健康管理方案。

健身产业将越来越注重预防性健康管理,通过早期干预和健康教育,帮助用户预防疾病并保持健康状态。例如,平台可以通过定期的健康评估和数据分析,及时发现用户的健康风险,并提供相应的预防措施或健康干预建议。这种以预防为主的健康管理理念将进一步推动健身产业的发展。

(二)消费者需求的变化趋势

随着社会经济的发展和人们生活方式的改变,消费者的健身需求也在不断演变。以下将探讨健身消费者需求的三大变化趋势,以及这些变化对健身产业的影响。

1. 个性化需求的提升

(1) 个性化健身方案的需求

随着健身知识的普及和消费者健康意识的增强,越来越多的消费者希望能够根据自己的身体状况和健身目标,获得量身定制的健身方案[106]。这种个性化需求要求健身产业提供更加精准和专业的服务。

个性化健身方案通常以全面的体能评估为基础。消费者希望在开始健身之前，能够接受专业的体能测试，以了解自己的身体状况和潜在问题。基于体能评估的结果，健身教练或平台可以为消费者制订个性化的训练计划，确保训练的有效性和安全性。

除了训练计划，消费者还希望获得个性化的饮食与营养指导。根据消费者的健康状况、健身目标和饮食偏好，平台可以提供定制化的饮食方案，包括每日的营养摄入建议、食谱推荐等。这种个性化的饮食指导有助于消费者更好地管理体重和提升健身效果。

消费者在健身过程中，希望能够获得实时的反馈和动态调整。例如，基于心率、呼吸频率、疲劳程度等数据，平台可以实时调整训练强度或建议休息。这种实时的个性化指导不仅提高了训练效果，还增强了消费者的安全感。

（2）健身体验的个性化

消费者对于健身体验的个性化需求，不仅体现在训练方案上，还体现在整体健身体验的定制化服务上[107]。

越来越多的消费者希望在个性化的环境中进行健身训练。传统的健身房逐渐向多样化、定制化的方向发展，如提供主题化的健身空间、可调节的灯光与音乐设置等。个性化的健身环境可以根据消费者的情绪和偏好进行调整，提升整体健身体验。

消费者希望在健身过程中与其他有相似兴趣的人互动。健身平台通过社交功能，可以为用户匹配健身伙伴或创建兴趣小组，满足消费者的社交需求。个性化的社交与互动不仅增强了用户的参与感，还可以激发用户的运动动机。

2. 健身与生活方式的融合

（1）健身成为生活方式的一部分

随着健康理念的普及，健身已经不再是孤立的活动，而是逐渐融入了消费者的日常生活，成为一种生活方式[108]。这种趋势要求健身产业提供更加便捷和多样化的服务，以适应消费者的生活节奏。

随着生活节奏的加快和居家办公的普及，越来越多的消费者选择在家中进行健身。家庭健身设备和线上课程的需求大幅增加，消费者希望能够在家中享受到与健身房相同的专业服务。这一趋势促使健身产业开发出更多适合家庭使用的智能健身设备和数字化内容。

消费者希望能够在任何时间、任何地点进行健身训练，以适应忙碌的生活节奏。移动健身App和便携式健身器材的需求逐渐增加，消费者可以利用碎片化的时间进行锻炼，如在上下班途中、午休时间或出差旅行期间。随时随地的健身体验要求健身产业提供更加灵活的服务形式和设备选择。

（2）健身与社交活动的融合

健身与社交活动的融合成为一种新的消费趋势，消费者希望在健身的同时，也能够满足社交需求。

越来越多的健身俱乐部和平台开始组织社交化的健身活动，如团体课程、健身挑战赛、户外健身派对等。这些活动不仅满足了消费者的健身需求，还为他们提供了与他人交流互动的机会。社交化健身活动增强了用户的参与感和忠诚度，也为品牌带来了更大的市场影响力。

消费者希望能够通过线上平台与线下活动进行无缝衔接。例如，消费者可以通过App预约线下课程，与同样预约的用户建立联系，并在课后通过线上平台继续互动。这种线上线下结合的社交体验不仅增强了用户的黏性，还可以延长品牌与用户的互动时间。

3. 健康管理需求的增加

随着人们健康意识的提升，消费者对健身的需求不再局限于单纯的运动训练，而是更加关注整体健康管理。这一趋势要求健身产业提供更加全面和整合的服务[109]。

（1）全面健康管理需求

消费者越来越希望通过健身实现全面的健康管理，包括身体健康、心理健康和生活方式管理。

除了传统的体能训练，消费者希望获得更加全面的身体健康管理服务，如营养咨询、体重管理、慢性病预防等。健身平台和俱乐部可以通过整合医疗资源，为用户提供健康评估、体检服务和专业的健康指导，形成闭环的健康管理体系。

现代社会的快节奏生活使得越来越多的消费者关注心理健康管理。健身平台开始将心理健康管理纳入其服务范围，如提供冥想课程、心理咨询、压力管理等服务。通过结合心理健康管理，健身产业可以为消费者提供更加全面的健康解决方案。

消费者希望通过健身改变或优化自己的生活方式。例如，通过饮食管理、睡眠改善、戒烟限酒等方式，达到更好的健康状态。健身产业可以通过提供个性化的生活方式管理建议，帮助消费者建立健康的生活习惯，从而提高他们的整体生活质量。

（2）健身与医疗健康的融合

随着医疗健康与健身的界限逐渐模糊，消费者希望能够在健身过程中获得更多的医疗健康支持。

越来越多的消费者希望通过健身预防慢性疾病和保持健康状态。健身平台可以与医疗机构合作，提供基于预防性医疗的健身方案。例如，糖尿病高危人群可以通过定制化的健身计划和饮食控制，降低患病风险。健身与预防性医疗的融合将为消费者提供更加科学和专业的健康管理服务。

对于有运动损伤或特殊健康需求的消费者，健身产业开始提供专业的运动康复服务。康复中心和健身俱乐部可以合作，帮助消费者通过科学的训练和康复疗法，恢复体能和健康。这种结合了医疗健康的健身服务，将满足更多消费者的个性化需求。

二、健身产业的未来挑战

尽管健身产业充满机遇，但在技术趋势和消费者需求变化的推动下，健身产业也面临着一系列挑战。以下将探讨健身产业可能面临的主要挑战及应对策略。

（一）技术变革的挑战

随着技术的快速发展，健身产业必须不断适应新技术的应用，并应对技术变革带来的挑战。

新技术的快速发展使得健身企业需要不断更新设备和服务，以保持市场竞争力。这种快速的技术更新不仅带来了成本压力，还对企业的创新能力提出了更高要求。健身企业需要建立敏捷的技术研发和应用机制，确保能够及时应对技术变革，并在市场中保持领先地位。

随着数字化健身平台和智能设备的普及，用户的健康数据成为关键资产。如何确保这些数据的隐私与安全，成为健身产业必须面对的重要挑战。健身企业需要加强数据安全管理，采用加密技术和数据保护措施，确保用户数据不被泄露或滥用。

技术的不断进步也使得行业壁垒逐渐模糊，传统健身企业面临来自科技公司的竞争压力。例如，互联网巨头进入健身市场，推出智能健身设备和数字化平台，对传统健身房构成威胁。传统健身企业需要积极探索与科技公司的合作，或通过技术创新保持自身竞争优势。

（二）消费者需求多样化的挑战

消费者需求的多样化和个性化要求健身产业提供更加灵活和多样化的服务。这一趋势带来了运营和管理上的挑战。

随着消费者对个性化服务的需求增加，健身企业需要提供更加定制化的健身方案和服务。然而，如何高效地满足每位消费者的个性化需求，既要保证服务质量，又要控制成本，这对于企业来说是一个巨大的挑战。企业可以通过 AI 技术和数据分析，自动化地为消费者提供个性化服务，提升效率和精度。

消费者需求的多样化导致市场细分加剧，健身企业需要根据不同的细分市场制定针对性的营销和服务策略。如何在细分市场中找到适合自身发展的领域，并制定差异化的竞争策略，是企业面临的重要挑战。企业应深入分析市场趋势和消费者行为，精准定位目标市场，制定切实可行的市场细分策略。

随着市场竞争的加剧，消费者选择的健身品牌越来越多，企业如何保持和提升消费者的忠诚度成为一大挑战。企业可以通过提升用户体验、创新服务模式和建立强大的品牌社区，增强用户黏性和忠诚度。

（三）可持续发展的挑战

在全球关注环保和可持续发展的背景下，健身产业同样面临如何实现可持续发展的挑战。

健身企业需要在运营中更加关注环保问题，如降低碳足迹、减少能源消耗、推广可持续的健身设备和设施等。企业可以通过采用节能技术、使用环保材料和设备，积极履行环境责任，从而提升品牌的社会形象和市场竞争力。

健身企业不仅要提供健身服务，还要积极推广健康与可持续的生活方式。例如，推广健康饮食、环保出行、绿色消费等理念，帮助消费者在健身的同时关注环境保护。通过与环保组织的合作，健身企业还可以参与各种环保公益活动，提升品牌的社会责任感。

随着健身产业的全球化扩展，企业需要在全球化运营的同时，兼顾本地化的需求。例如，在不同的国家和地区，消费者的健身习惯、文化背景、市场环境各不相同，企业需要灵活调整策略，以适应本地市场的需求。这种全球化与本地化的平衡，是健身企业实现可持续发展的重要因素。

健身产业在未来将继续受到技术变革和消费者需求变化的驱动，迎来新的发展机遇。然而，面对快速变化的市场环境和复杂的消费者需求，健身企业也必须应对一系列挑战。通过深入理解技术趋势和消费者需求的变化，灵活调整运营策略，积极采用新技术，并注重可持续发展，健身企业才能在未来的竞争中保持领先地位，赢得长远的发展。

三、健身产业面临的挑战

随着健身产业的快速发展，市场规模不断扩大，但与此同时，行业内部的竞争日益激烈，政策和法规的变化也给企业带来了新的挑战。下面将探讨健身产业在未来发展中可能面临的主要挑战，包括行业竞争的加剧和政策与法规的变化，并分析这些挑战对企业的影响及应对策略。

（一）行业竞争加剧

1. 市场饱和与差异化竞争

（1）市场饱和的压力

随着健身产业的迅猛发展，越来越多的企业和品牌进入市场，导致市场逐渐饱和。尤其是在一线城市，健身房、工作室、线上健身平台的数量急剧增加，市场竞争异常激烈。市场饱和带来的直接后果是企业间的竞争加剧，客户获取成本上升，利润空间受到压缩[110]。

在市场饱和的环境下，获取新客户的难度显著增加。企业需要投入更多的资金和资源进行市场营销和品牌推广，才能在激烈的竞争中吸引客户[111]。此外，如何保持现有客户的忠诚度、降低客户流失率，也是企业面临的一大挑战。随着竞争对手不断推出新的服务和促销活动，消费者的选择变得更加多样化，企业必须不断创新以满足客户需求[112]。

市场饱和导致价格竞争愈演愈烈。为了吸引客户，许多企业采取降价策略，这虽然在短期内能够增加市场份额，但却会导致利润空间的缩小[113]。长期的价格战不仅会损害企业的盈利能力，还可能导致整个行业的恶性竞争。

（2）差异化竞争的必要性

在市场饱和的背景下，差异化竞争成为企业脱颖而出的关键。企业需要通过产品和服务的差异化，打造独特的品牌优势，吸引目标客户群体。

企业可以通过推出创新的健身产品和服务，满足不同客户群体的多样化需求。例如，个性化定制的健身计划、结合 VR 和 AR 的沉浸式健身体验、针对特殊群体（如孕妇、老年人、青少年）的专属课程等，都是差异化竞争的有效手段。创新不仅能够增强品牌的市场竞争力，还可以有效提升客户满意度和忠诚度[114]。

明确的品牌定位和精准的市场细分是差异化竞争的基础。企业应根据自身的优势和市场需求，确定品牌定位，并在特定的细分市场中打造强有力的品牌形象。例如，一些健身品牌定位于高端市场，提供奢华的健身设施和专业的私人教练服务；另一些品牌则定位于大众市场，提供性价比高的健身解决方案。通过明确的品牌定位和市场细分，企业可以更有效地吸引目标客户，并在激烈的竞争中保持独特性。

在竞争激烈的市场环境中，客户体验成为决定企业成败的重要因素。企业可以通过提升服务质量、优化客户体验流程、加强与客户的互动来增强品牌的竞争力[115]。例如，通过建立智能化的客户管理系统，提供个性化的服务和实时反馈；通过社交媒体和在线平台与客户保持紧密互动，增强客户的参与感和忠诚度。优质的客户体验不仅能够提升客户满意度，还可以通过口碑传播为企业带来更多潜在客户。

2. 新兴品牌与传统品牌的竞争

（1）新兴品牌的崛起

随着市场的不断发展，许多新兴品牌凭借创新的商业模式和灵活的运营策略，迅速崛起，并对传统健身品牌形成了挑战。

近年来，随着移动互联网和智能设备的普及，线上健身平台如雨后春笋般涌现。新兴的互联网健身品牌通过提供便捷的在线课程、智能化的健身管理和丰富的社交功能，吸引了大量用户，尤其是年轻一代。这些平台打破了传统健身房的时间和空间限制，为用户提供了更加灵活的健身选择[116]。面对这些新兴互联网品牌，传统健身企业面临着巨大的竞争压力，如何在数字化浪潮中保持竞争力，成为其必须面对的挑战。

许多新兴品牌通过精准的市场细分和小众定位，成功在竞争激烈的市场中找到了一席之地。例如，一些品牌专注于某一特定的健身领域，如瑜伽、普拉提、CrossFit等，提供专业化和定制化的服务。这些小众品牌通过专注于特定的客户群体和需求，形成了独特的竞争优势，并在细分市场中占据主导地位。

（2）传统品牌的应对策略

面对新兴品牌的挑战，传统健身品牌需要积极调整策略，保持自身的市场地位和竞争力。

传统健身品牌可以通过数字化转型，与新兴互联网品牌竞争。通过开发自己的线上平台，提供在线课程、虚拟教练和智能化管理，传统品牌可以吸引更多的线上用户，并拓展业务范围。例如，一些传统健身房推出了自有的健身App，用户可以通过App进行课程预订、在线支付、数据跟踪等操作，实现线上线下的无缝衔接。

传统品牌可以通过多元化发展，增强抗风险能力并满足更多客户需求[117]。例如，除了提供传统的健身服务外，品牌还可以涉足营养咨询、健康管理、运动康复等领域，形成多元化的服务体系。此外，品牌还可以通过与其他行业的跨界合作，拓展业务范围和客户群体。

传统品牌可以通过品牌升级和再定位，重新赢得消费者的青睐[118]。例如，通过改造和升级现有的健身设施，提升服务质量，或通过重新定位品牌形象，吸引年轻一代消费者。品牌升级与再定位不仅能够增强品牌的市场竞争力，还可以在激烈的市场竞争中重新确立品牌的独特性。

3. 全球化竞争的挑战

（1）全球品牌的进入

随着全球化进程的加快，国际健身品牌进入我国市场，带来了更加激烈的竞争。这些全球品牌通常拥有强大的资本实力、先进的管理经验和全球知名度，给本土品牌带来了巨大挑战[119]。

许多国际健身品牌，如 Planet Fitness、Equinox 等，已经在我国市场展开了业务，并通过开设直营店或与本土企业合作的方式，迅速扩展市场。这些品牌凭借其全球化的品牌影响力和标准化的管理体系，迅速吸引了大量中高端客户，对本土品牌构成了强大的竞争压力。

国际品牌通常拥有成熟的品牌运营体系和丰富的市场经验，能够更有效地进行品牌推广和市场营销。此外，国际品牌在全球范围内积累了大量的客户数据和运营经验，能够通过大数据分析和市场调研，更精准地定位目标客户群体，并制定针对性的市场策略[120]。

（2）本土品牌的应对策略

面对全球品牌的竞争压力，本土健身品牌需要积极应对，通过加强品牌建设和提升服务质量，保持竞争优势[121]。

本土品牌可以通过本土化运营策略，形成差异化竞争优势。例如，充分利用对本地市场的深刻理解，推出更符合本地消费者需求的健身产品和服务。通过本土化的品牌推广和市场营销，增强品牌在本地市场的影响力。此外，本土品牌还可以通过加强与本地社区的联系，组织本地化的健身活动和社交活动，提升品牌的社区影响力和客户黏性。

在面对国际品牌的竞争时，本土品牌可以通过提升服务质量和用户体验，增强客户忠诚度。例如，通过引进先进的健身设备、优化健身环境、提高教练团队的专业水平，提供更高质量的健身服务。此外，本土品牌还可以通过智能化管理系统，为用户提供个性化的健身指导和实时反馈，提升整体用户体验[122]。

本土品牌可以通过强化品牌文化和本土情感联系，增强品牌的独特性和客户认同感[123]。例如，通过传播健康生活理念、支持本地文化活动、参与公益事业等方式，建立品牌的社会形象和文化认同，形成独特的品牌价值和竞争优势。

（二）政策与法规的变化

1. 政策法规的收紧

随着健身产业的发展壮大，政府对健身行业的监管力度逐渐加大，新的政策和法规陆续出台，这给企业的经营管理带来了挑战。

（1）消费者保护政策的加强

随着消费者权益保护意识的增强，政府出台了一系列政策法规，旨在加强对消费者权益的保护。这些政策对健身企业的合同管理、服务质量、信息披露等方面提出了更高的要求[124]。

消费者保护政策要求健身企业在销售会员卡、课程包等产品时，必须提供清晰明了的合同条款，确保消费者知情权和选择权。此外，企业还必须明确退费政策和合同解除条件，避免霸王条款和不公平交易。这一要求迫使健身企业在合同管理上更加规范，减少合同纠纷和消费者投诉。

消费者保护政策对健身服务的质量提出了更高的要求，要求企业提供符合标准的服务，并对服务过程中的问题及时处理。例如，政府可能要求健身企业建立健全的投诉处理机制，确保消费者的意见和建议能够及时反馈和解决。这意味着企业必须加强内部管理，提升服务质量，确保合规经营。

（2）数据隐私与网络安全法规的加强

随着数字化健身平台的普及，数据隐私与网络安全问题日益受到关注。政府出台了更加严格的数据保护和网络安全法规，对健身企业的数字化运营提出了更高的要求[125]。

新出台的数据隐私法规要求健身企业在收集、存储和处理用户数据时，必须确保数据的安全性和隐私性。例如，企业需要采用加密技术保护用户数据，确保数据不会被未经授权的第三方访问。此外，企业还必须在收集用户数据之前，明确告知用户数据收集的目的和范围，并获得用户的明确同意。

网络安全法规要求健身企业加强网络安全管理，防止网络攻击和数据泄

151

露。企业需要建立完善的网络安全防护体系，定期进行安全检查和风险评估，及时修补安全漏洞。此外，企业还需要制定应急预案，以应对可能发生的网络安全事件，确保在发生数据泄露或网络攻击时能够迅速反应和处理。

2. 政策法规变化的影响

（1）运营成本的增加

新的政策和法规通常伴随着更高的合规要求，这意味着企业需要投入更多的资源进行合规管理和制度建设，运营成本因此上升。

为了符合新政策法规的要求，健身企业需要加强合同管理、服务质量管理、数据保护和网络安全管理[126]。这些合规管理活动往往需要企业投入额外的人力、物力和财力。例如，企业可能需要聘请法律顾问或数据安全专家，建立或更新合规管理系统。这些投入将增加企业的运营成本，尤其对于中小型健身企业来说，可能会构成较大的财务压力。

为了满足新的数据隐私和网络安全法规的要求，健身企业可能需要更新或升级其技术和设备。例如，企业需要采用更先进的加密技术、部署更强大的防火墙和入侵检测系统，以确保用户数据的安全性和网络的稳定性。这些技术投入也将增加企业的运营成本。

（2）市场竞争格局的变化

政策和法规的变化可能导致市场竞争格局发生变化，尤其是对于那些无法及时适应新规的企业，将面临更大的市场压力。

对于中小型健身企业来说，新的政策法规可能带来较大的合规负担。这些企业通常缺乏足够的资源来应对复杂的合规要求，导致运营成本上升和利润下降。在这种情况下，一些中小企业可能面临生存压力，甚至可能被迫退出市场。这将导致市场竞争格局发生变化，市场份额可能集中到那些资源更加充足、合规管理更加完善的大型企业手中。

政策法规的变化可能加速市场整合与并购活动。那些无法独立承担合规成本的中小企业，可能选择通过并购或合作的方式，加入更大的企业集团，以获得更好的资源和市场地位。这将进一步加剧市场的集中化趋势，推动行业内部的整合和竞争格局的调整。

3. 企业的应对策略

面对政策和法规的变化，健身企业需要积极应对，确保合规经营，并在合规成本上升的情况下，保持竞争力。

（1）加强合规管理

健身企业需要加强合规管理，建立完善的合规体系，以应对不断变化的政策法规要求。

企业可以组建专门的合规团队，负责跟踪和解读最新的政策法规，确保企业的各项业务活动符合监管要求。合规团队应包括法律顾问、数据保护官、网络安全专家等专业人员，确保合规管理的全面性和专业性。

企业应定期组织合规培训，提升员工的合规意识和技能。例如，企业可以通过培训课程、内部宣传、案例分析等形式，向员工普及合同管理、数据隐私保护、网络安全等方面的知识，确保员工在日常工作中严格遵守合规要求。

（2）采用科技手段应对合规要求

科技手段可以帮助企业更高效地应对政策法规的变化，降低合规管理的成本和风险。

企业可以引入智能化合规管理系统，实现合同管理、数据保护、网络安全等方面的自动化和智能化。例如，智能合同管理系统可以自动生成符合法规要求的合同条款，智能数据保护系统可以实时监控和保护用户数据安全。这些智能化工具不仅提高了合规管理的效率，还降低了人工操作的错误率。

大数据和人工智能技术可以帮助企业更精准地预测政策法规的变化趋势，并提前做出调整。例如，通过对市场和政策环境的大数据分析，企业可以识别出潜在的合规风险，并采取相应的预防措施。此外，人工智能技术还可以用于风险评估和合规审计，提高合规管理的科学性和准确性。

（3）提升企业的抗风险能力

企业需要通过多元化发展和品牌建设，提升抗风险能力，以应对政策法规变化带来的市场不确定性[127]。

企业可以通过多元化发展，减少对单一业务或市场的依赖，从而增强抗风险能力。例如，除了提供传统的健身服务外，企业还可以涉足健康管理、营养咨询、运动康复等领域,形成多元化的业务结构。通过拓展新业务和新市场,企业可以在政策法规变化的情况下,保持业务的稳定性和持续性。

企业可以通过品牌建设和社会责任活动,增强品牌的市场竞争力和客户忠诚度。在面对政策法规变化时,一个拥有良好社会形象和品牌认同度的企业,往往能够获得更多的市场支持和客户信任。例如,企业可以通过参与公益活动、推广健康生活方式、支持环保事业等方式,提升品牌的社会影响力和市场认可度。

健身产业在未来的发展过程中,必然面临行业竞争加剧和政策法规变化的双重挑战。企业需要积极应对这些挑战,通过差异化竞争、数字化转型、品牌升级和加强合规管理等策略,保持市场竞争力和业务的可持续发展。只有不断适应市场变化和政策环境,健身企业才能在激烈的市场竞争中脱颖而出,实现长远的发展目标。

四、应对挑战的策略与建议

面对健身产业中日益加剧的行业竞争和不断变化的政策与法规,企业必须采取积极的策略进行应对,以确保在激烈的市场环境中保持竞争优势和实现可持续发展。下面将探讨创新与变革的必要性,以及战略调整与组织优化的重要性,帮助健身企业制定有效的应对策略。

(一)创新与变革的必要性

1. 技术创新驱动企业发展

(1)数字化转型的紧迫性

随着科技的迅猛发展,健身行业正在经历一场数字化革命。数字化不仅改变了消费者的健身习惯,也推动了健身企业的运营模式和市场竞争格局的深刻变革[128]。在这一背景下,企业必须加速数字化转型,以适应新的市场需求和提升运营效率。

健身企业可以通过引入智能化管理系统,实现会员管理、课程安排、设备维护等方面的自动化和智能化。例如,智能会员管理系统可以自动记录和分析会员的健身数据,提供个性化的健身建议;智能设备维护系统可以实时监控健身器材的运行状态,及时预警设备故障,降低运营成本。这些智能化管理系统不仅提升了企业的运营效率，还改善了会员的健身体验。

随着线上健身平台的普及，健身企业需要实现线上与线下的融合，为用户提供无缝的健身体验。企业可以通过开发自有的线上健身平台，提供丰富的在线课程、虚拟教练和社交互动功能。同时，线上平台可以与线下门店的服务相结合，如用户可以通过 App 预订线下课程、查看设备使用情况、与教练进行在线沟通等。这种线上线下融合的模式不仅提升了用户的便利性，还为企业创造了更多的收入来源。

（2）产品与服务的创新

在竞争激烈的市场环境中，创新的产品与服务是企业保持竞争优势的重要手段。通过不断推出符合市场需求的新产品和服务，企业可以吸引更多的客户，提升市场份额。

随着消费者对个性化需求的日益重视，健身企业需要推出更加定制化的健身方案。例如，基于人工智能和大数据分析，企业可以为会员提供个性化的训练计划和饮食建议，根据会员的健康状况、健身目标和个人偏好，实时调整训练内容和强度。这种个性化的健身服务不仅提高了会员的满意度，还增强了企业的客户黏性。

健身企业可以通过跨界合作和服务多元化，拓展业务领域和客户群体。例如，企业可以与健康食品品牌、智能穿戴设备厂商、运动服饰品牌等进行合作，推出联合产品和优惠套餐；或者通过与医疗机构、营养咨询公司合作，提供健康管理、营养指导、运动康复等增值服务。这些跨界合作和服务多元化策略，不仅能够提高企业的市场竞争力，还能够为客户提供更加全面的健康解决方案。

（3）用户体验的提升

在当前的市场环境下，用户体验成为决定企业成败的重要因素。通过技术创新和服务优化，企业可以显著提升用户体验，从而增强品牌的市场竞争力。

企业可以通过 VR 和 AR 技术，为用户提供沉浸式的健身体验。例如，用户可以通过 VR 设备在虚拟世界中进行跑步、瑜伽、拳击等训练，享受身临其境的健身乐趣；或者通过 AR 技术，在现实场景中叠加虚拟的训练指导和反馈，提升训练的互动性和效果。这种沉浸式体验不仅增加了健身的趣味性，还能够吸引更多的年轻用户群体。

除了传统的健身服务，企业还可以通过提供全方位的健康管理服务，提升用户体验。例如，基于智能穿戴设备和健康管理平台，企业可以为用户提供包括运动、饮食、睡眠、心理健康等在内的综合健康管理方案。这种全方位的健康管理服务，不仅满足了用户对健康生活的全面需求，还增强了用户对品牌的信任和忠诚度。

2. 组织变革与文化创新

（1）组织结构的优化

在面对日益复杂的市场环境和快速变化的技术趋势时，企业必须不断优化组织结构，以提高应对市场变化的灵活性和效率。

扁平化管理是一种减少管理层级、缩短决策链条的组织结构，有助于提升企业的运营效率和市场反应速度[129]。通过扁平化管理，企业可以加快信息传递速度，减少内部沟通的障碍，从而更快地应对市场变化和客户需求。例如，企业可以通过减少中间管理层、赋予基层员工更多的决策权，提升组织的敏捷性和创新能力。

在复杂多变的市场环境中，企业需要加强跨部门协作，形成资源共享和协同效应。例如，市场部、研发部、运营部等部门之间需要保持紧密合作，共同制定产品开发和市场推广策略，确保产品和服务能够满足客户需求。通过跨部门协作，企业可以整合内部资源，提高整体运营效率，增强市场竞争力。

（2）创新文化的培育

创新是企业持续发展的动力，培育创新文化对于企业的长远发展至关重要。

企业需要营造鼓励创新的文化氛围，鼓励员工提出新想法、新方案，并为他们提供实现创新的资源和支持[130]。例如，企业可以设立创新基金，支持员工的创新项目；或者通过内部创新大赛、头脑风暴会等形式，激发员工的创新思维。此外，企业还应建立容错机制，允许创新过程中出现失败和错误，从而降低员工对创新的顾虑和风险。

在快速变化的市场环境中，企业需要不断提升员工的专业技能和知识储备，以保持竞争力。企业可以通过定期培训、外部课程、行业交流等方式，帮助员工掌握最新的行业动态和技术趋势。此外，企业还应注重人才的长期培养，制订完善的职业发展计划，为员工提供广阔的发展空间和成长机会。

（二）战略调整与组织优化

1. 动态调整战略以应对市场变化

（1）灵活的战略制定

在充满不确定性的市场环境中，企业需要具备灵活的战略制定能力，根据市场变化和行业趋势，及时调整战略方向。

企业应加强市场调研和行业趋势分析，了解市场需求的变化和竞争对手的动态。例如，通过大数据分析、客户调查、行业报告等手段，企业可以获取最新的市场信息，并据此调整产品定位、价格策略和营销计划。通过深入的市场调研，企业可以更好地把握市场机会，规避潜在的市场风险。

企业在制定战略时，应注重快速响应和试点验证。对于新产品、新服务或新市场的拓展，企业可以先进行小规模的试点，通过实际市场反应验证战略的可行性和效果。在试点成功的基础上，企业再进行全面推广，降低风险和成本[131]。例如，企业可以在某个特定区域或特定客户群体中推出新产品，测试市场接受度和反馈，进而优化产品和营销策略。

（2）市场细分与差异化竞争

面对激烈的市场竞争，企业需要通过市场细分和差异化竞争，找到适合自身发展的市场定位和竞争优势。

企业应根据自身的资源优势和市场需求，进行精准的市场定位。通过市场细分，企业可以识别出特定的客户群体，并为他们提供量身定制的产品和服务。例如，一些健身企业专注于高端市场，提供豪华的健身设施和私人教练服务；另一些企业则定位于大众市场，提供性价比高的健身解决方案。通过精准的市场定位，企业可以更有效地吸引目标客户，并在激烈的竞争中保持独特性。

品牌差异化是企业在竞争中脱颖而出的关键。企业可以通过品牌文化、产品特色、服务质量等方面的差异化，建立独特的品牌形象。例如，一些品牌通过推广健康生活方式、支持环保事业、参与公益活动等方式，树立了有社会责任感的品牌形象；另一些品牌则通过技术创新、产品设计、客户体验等方面的优势，形成了独特的市场竞争力。品牌差异化不仅能够增强客户的品牌认同感，还可以提高品牌的市场竞争力。

2. 组织优化以提升运营效率

（1）组织结构优化

优化组织结构是提升企业运营效率和市场竞争力的重要手段。企业需要根据市场环境和业务需求，灵活调整组织结构，以提高内部管理效率和市场反应速度。

扁平化组织结构有助于缩短决策链条，提升企业的市场反应速度。在扁平化组织中，管理层级减少，员工与管理者之间的沟通更加直接和顺畅，有助于快速响应市场变化和客户需求。例如，企业可以减少中间管理层，赋予一线员工更多的决策权，提升组织的敏捷性和创新能力。

矩阵式管理模式是一种横向和纵向交叉的组织结构，有助于增强跨部门协作和资源共享。在矩阵式管理模式中，员工同时接受来自职能部门和项目团队的双重领导，能够更灵活地应对复杂的市场环境。例如，企业可以在市场推广、产品开发、客户服务等方面组建跨部门项目团队，通过资源整合和协同合作，提升整体运营效率。

（2）资源配置与流程优化

合理的资源配置和优化的业务流程是提升企业运营效率的关键。企业应对内部资源进行整合和优化配置，以最大化资源的利用效率。例如，通过集中采购、统一管理、共享服务等方式，企业可以降低运营成本，提升资源的利用效率。此外，企业还可以通过外包非核心业务，将更多资源集中于核心竞争力的建设和市场拓展。

企业需要对现有的业务流程进行优化，减少不必要的环节和冗余，提升流程的执行效率。例如，通过引入信息化管理系统，企业可以实现业务流程的自动化和数字化，减少人工操作的错误和时间成本。此外，企业还可以通过管理再造，重新设计业务流程，使其更加适应市场变化和客户需求。

（3）人力资源管理的优化

人力资源是企业最重要的资产，优化人力资源管理有助于提升企业的整体竞争力。

企业应注重对高素质人才的招聘和培养，打造一支专业化、创新型的团队。例如，企业可以通过校园招聘、猎头公司、内部推荐等多种渠道，吸引优秀人才加入。同时，企业还应定期组织培训和职业发展规划，提升员工的专业技能和综合素质，确保员工能够跟上行业发展的步伐。

企业需要建立完善的绩效管理和激励机制，激发员工的工作积极性和创造力。例如，企业可以通过绩效考核、目标管理、奖金激励等方式，明确员工的工作目标和责任，并根据工作表现给予相应的奖励。此外，企业还可以通过员工持股计划、股权激励等方式，增强员工的归属感和企业的凝聚力。

应对健身产业的挑战，企业需要通过创新与变革、战略调整与组织优化，保持市场竞争力和实现可持续发展。技术创新、产品与服务的差异化、组织结构的优化、资源配置与流程的改进，以及人力资源管理的提升，都是企业在激烈市场环境中脱颖而出的关键因素。通过灵活应对市场变化，积极创新，优化内部管理，企业才能在竞争中占据优势，实现长远的发展目标。

参考文献

[1] 吕凤起,王家兴.民办应用型本科高校竞争战略的思考[J].教育与教学研究,2024,38(8):87-100.

[2] 袁润森.混合所有制改革对国有企业战略行为的影响研究[D].秦皇岛:燕山大学,2021.

[3] 林琳.企业战略、弹性风险管理与绩效[D].北京:对外经济贸易大学,2021.

[4] 何地.企业创新生态系统战略对竞争优势的影响研究[D].沈阳:辽宁大学,2018.

[5] 谢虓,潘秋群,裴宇成,等.基于波特五力模型高校二手交易平台的优化与改良[J].再生资源与循环经济,2024,17(5):10-14.

[6] 江黄晗,张之瀚.基于波特"五力模型"的华为企业经营战略研究[J].现代营销(下旬刊),2024(4):4-6.

[7] 李永建.实现跨界经营,企业副产品战略发展规划探讨——基于波特五力模型的思考[J].财经界,2024(7):74-76.

[8] 孙琳.基于知识元的企业战略竞争情报融合方法研究[D].大连:大连理工大学,2018.

[9] 陈庭翰.21世纪日本制造业企业竞争战略调整研究[D].长春:吉林大学,2017.

[10] 姚坤悦.三只松鼠竞争力战略研究——基于财务分析与波特五力模型[J].老字号品牌营销,2024(1):162-165.

[11] 任汝周,姚刚,马德省,等.鲁产细支烟产业发展环境与策略分析——基于波特五力模型理论的视角[J].现代工业经济和信息化,2023,13

(8)：37-40.

[12] 李程．中小企业的"蓝海"战略[J]．中国中小企业，2021（5）：11-20.

[13] 宋利．基于蓝海战略视角的实体书店转型升级研究[J]．长江技术经济，2020，4（S2）：97-98.

[14] 洪延青．中国数据出境安全管理制度的"再平衡"——基于国家间数据竞争战略的视角[J]．中国法律评论，2024（3）：201-212.

[15] 王旭，张志强．小米公司手机业务发展战略研究[J]．老字号品牌营销，2024（10）：149-151.

[16] 狄盈馨，李启佳，罗福凯．"专精特新"战略能促进企业数字化转型吗？——技术创新能力的中介作用[J]．研究与发展管理，2024（8）：1-13.

[17] 肖挺，熊心如．进口竞争下制造企业服务化战略的抉择——兼论"服务化悖论"问题[J]．当代经济科学，2024，46（3）：125-136.

[18] 操巍，吴忧，叶珊．企业竞争战略与管理层策略性业绩：基于管理层业绩预告的分析[J]．中国软科学，2024（5）：210-224.

[19] 周超群．中国健身俱乐部产业链条、盈利模式及优化策略研究[J]．成都体育学院学报，2023，49（05）：55-61.

[20] 吴香芝，王明伟．我国体育健身休闲产业发展困境与对策[J]．体育文化导刊，2017（12）：97-101.

[21] 李萍，李春明，兰孝国，等．新时代全民健身高质量发展的动力机制、现实阻滞与推进策略[J]．西安体育学院学报，2023，40（6）：709-718.

[22] 郑德梅．全民健身背景下激发体育产业发展新活力——评《全民健身时代体育产业发展研究》[J]．应用化工，2023，52（09）：2752.

[23] 骆同，邵雪梅．场景时代健身休闲产业市场供需适配的理论逻辑、现实审视与推进转向[J]．体育科学，2022，42（10）：20-27.

[24] 雷涛．全民健身与体育产业协同发展：理论逻辑与实践路径[J]．西安体育学院学报，2017，34（6）：664-669.

[25] 吴铁勇，王松，刘波．"十四五"时期我国健身休闲产业高质量发展机遇、挑战及推进策略[J]．体育文化导刊，2022（6）：1-7+22.

[26] 张丽丽，吴香芝．我国健身休闲产业政策演变历程、特征及展望[J]．

体育文化导刊,2021 (7): 98-103.

[27] 李龙. 全民健身与体育产业共生关系的现实观察与发展路径[J]. 中国体育科技,2017, 53 (2): 93-99.

[28] 牟粼琳,孙笑,沈克印,等. 区块链技术赋能体育健身产业的理论阐释、应用实例与推进策略——以上海角马私教 APP 为例[J]. 武汉体育学院学报,2021, 55 (7): 72-79+87.

[29] 霍军,李海娜. 全民健身战略下体育产业社会化运行机制研究[J]. 山东体育学院学报,2016, 32 (3): 8-11.

[30] 邱建国,孙晋海. 健康中国背景下区域健身休闲文化产业发展状况及其战略研究[J]. 山东社会科学,2020 (9): 94-99.

[31] 邹昀瑾,姚芳虹,王东敏. 新时代体育健身休闲业供需协调与高质量发展研究[J]. 北京体育大学学报,2020, 43 (7): 14-24.

[32] 苏睿. 国外体育健身休闲产业发展现状与启示——关于加快发展我国体育健身休闲产业的思考[J]. 西安体育学院学报,2012, 29 (1): 47-49+56.

[33] 王志文,沈克印. 我国健身休闲产业供给侧改革的实施路径研究[J]. 山东体育学院学报,2018, 34 (5): 20-26.

[34] 刘琨. 全民健身与体育产业协同发展的现实困境与政策选择[J]. 西安体育学院学报,2020, 37 (4): 465-469.

[35] 刘振坤. 供给侧改革背景下体育休闲产业发展路径研究[J]. 广州体育学院学报,2019, 39 (2): 54-57.

[36] 陈骐,刘泳庆,肖书明,等. 当前我国体育工程领域的研发需求情况分析[J]. 中国体育科技,2021, 57 (4): 3-23.

[37] 张钊瑞,侯昀昀,肖淑红. 健身产业价值创新战略案例分析与主要启示——以精品健身房为例[J]. 北京体育大学学报,2020, 43 (2): 96-108.

[38] 花楠. 我国健身休闲产业的发展困境与路径优化[J]. 广州体育学院学报,2019, 39 (6): 37-41.

[39] 王莉. 我国体育企业资本扩张模式研究[D]. 武汉:武汉理工大学,2012.

[40] 张钊瑞,邹天然,肖淑红.价值链视角下中国健身俱乐部产业供应链现状与问题研究[J].西安体育学院学报,2019,36(5):546-550.

[41] 郭正茂,谭宏,杨剑.竞争战略对中国体育用品制造业上市公司短期绩效影响的实证研究——基于PORTER基本竞争战略分类范式[J].山东体育学院学报,2018,34(6):1-7.

[42] 钟秉枢.全民健身国家战略的提出与体育休闲健身产业的发展[J].体育科学,2015,35(11):19-23.

[43] 谭宏.竞争战略对体育产业上市公司绩效影响的实证研究[J].上海体育学院学报,2018,42(2):59-65.

[44] 李冬梅,邢力文.我国健身休闲产业的供需矛盾及破解路径[J].体育文化导刊,2018(10):88-92+109.

[45] 肖淑红.中国体育产业价值链管理模式研究[D].北京:北京体育大学,2003.

[46] 徐立功.全民健身视阈下体育产业发展新探索——评《谁动了中国体育产业的奶酪?》[J].出版广角,2016(3):90-91.

[47] 唐远金.基于竞争战略的体育企业价值链管理[J].山西师大体育学院学报,2009,24(3):4-7+27.

[48] 段爱明,邹凯.我国健身休闲产业发展的动因及创新路径研究[J].南通大学学报(社会科学版),2018(5):142-147.

[49] 陈文成.中国体育赛事企业竞争战略和竞争优势研究[D].北京:北京体育大学,2018.

[50] 刘春英.健身产业营销的蓝海策略研究[J].体育文化导刊,2016(4):109-113.

[51] 张颖.我国体育用品品牌竞争力研究[D].济南:山东大学,2015.

[52] 周妩娜.基于SWOT-PEST分析模型的马拉松产业发展路径优化研究[J].齐齐哈尔大学学报(自然科学版),2024(4):1-5.

[53] 滕熙.基于波特五力模型对Z公司的分析及建议[J].中小企业管理与科技(上旬刊),2021(7):108-109.

[54] 郭振伟,张荣荣.企业竞争战略的博弈分析[J].对外经贸,2022(4):110-112.

[55] 唐海平,许云前.论体育市场营销的市场细分与目标市场的定位[J].网络财富,2009(14):31-32.

[56] 施家瑜,梁波.基于需求导向的全民健身消费驱动模型测度与审视[J].沈阳体育学院学报,2021,40(5):115-122.

[57] 赵永峰,赵歌.消费时代体育健身对身体形象构建的哲学研究[J].中国体育科技,2021,57(10):107-113.

[58] 庄巍.我国商业健身俱乐部发展路径探析——基于社会分层的视角[J].广州体育学院学报,2020,40(4):34-37+75.

[59] 蔡军,康勤国,李法伟,等.我国体育消费统计调查制度建设与创新研究[J].西安体育学院学报,2018,35(5):541-547.

[60] 施家瑜.需求取向对全民健身消费行为的影响:体验价值、主观幸福多重中介效应[J].山东体育学院学报,2021,37(4):36-42+118.

[61] 赵胜国,王凯珍,邰崇禧,等.全民健身国家战略下不同规模城镇居民体育消费观特征[J].武汉体育学院学报,2019,53(6):18-27+58.

[62] 邢晓燕.体育健身驱动下的体育用品消费:我国大型城市马拉松参赛选手跑鞋品牌市场细分的实证研究[J].中国体育科技,2017,53(1):27-37+103.

[63] 谢义平.论体育市场的营销策略[J].商场现代化,2007(14):122-123.

[64] 杨康民,宋思根.省级体育产业发展市场定位的初步研究[J].成都体育学院学报,2004(2):41-43.

[65] 冯学钢,梁茹.促进我国在线新文旅市场主体建设的对策建议[J].旅游学刊,2021,36(7):1-3.

[66] 韩盛祥,孙克迎,马晶.试论体育产业的市场定位与品牌确立措施[J].体育与科学,2003(4):19-20.

[67] 孙震,徐欣祯,王勇.平台经营者合并的福利分析:市场定位与账户互通[J].管理世界,2024,40(2):117-142.

[68] 张翔云."五位一体"营销模型及其在乡村旅游中的实现[J].社会科学家,2018(9):89-96.

[69] 武承荣.市场营销中的品牌建设与维护策略[J].环渤海经济瞭望,

2024（6）：8-11.

[70] 罗跃平，李菲菲. 国产运动品牌社群营销现状、问题及策略[J]. 湖南科技学院学报，2024，45（3）：39-43.

[71] 杜立广. 品牌定位在市场营销战略管理中的重要性研究[J]. 老字号品牌营销，2024（10）：3-5.

[72] 张静娜. 基于消费者行为视角的企业品牌战略研究[J]. 现代商业，2024（9）：39-42.

[73] 王百强，陈占燎，韩亚东，等. 公司竞争战略对税收规避的影响研究——基于文本分析法的经验证据[J]. 南开管理评论，2023，26（5）：105-116.

[74] 武常岐，张昆贤，周欣雨，等. 数字化转型、竞争战略选择与企业高质量发展——基于机器学习与文本分析的证据[J]. 经济管理，2022，44（4）：5-22.

[75] 许世英，叶跃，刘名旭. 战略差异对财务宽裕的影响研究[J]. 财会月刊，2024，45（9）：47-55.

[76] 程志超. 不同竞争战略下的差异化激励策略[J]. 销售与市场（管理版），2009（8）：42-44.

[77] 江三良，胡凯丽. 区域市场分割对企业绿色技术创新的影响研究[J]. 工业技术经济，2024，43（5）：70-79.

[78] 皮圣雷，王婧. 企业数字化转型中的定位调整与核心能力"扬弃"——一个多案例研究[J]. 管理评论，2023，35（11）：336-352.

[79] 刘波. 我国体育健身俱乐部价格现状和定价策略的研究[J]. 价格月刊，2013（10）：22-25.

[80] 祝良，张伟，王玥. 变革中城市社区体育健身俱乐部发展研究——以上海市为例[J]. 山东体育学院学报，2018，34（1）：33-37.

[81] 陈晓峰. 上海市体育健身俱乐部运用客户关系管理的现状与对策[J]. 中国体育科技，2010，46（5）：109-113+117.

[82] 王乔君，陆亨伯，童莹娟. 健身俱乐部市场体系之构建——基于宁波市经营性健身俱乐部现状调研的思考[J]. 北京体育大学学报，2006（1）：45-47.

[83] 孙淑惠,李小兰,胡艳,等.四川省经营性健身俱乐部管理机制的现状调查——以成都市为例[J].成都体育学院学报,2006(1):38-42.

[84] 胡昭玲,汪子豪.服务投入质量与制造业功能升级[J].南开经济研究,2024(5):49-66.

[85] 李晓红.金融科技背景下的农村金融服务质量提升研究[J].农业经济,2021(9):107-108.

[86] 曾伏娥,王克卫,虞晋钧.产品多样化与服务质量关系研究:范围经济视角[J].管理评论,2017,29(10):157-167.

[87] 田耕耘."关系型"交易中大客户的战略效应研究[J].工业技术经济,2023,42(4):43-55.

[88] 陈小军,吉富星.客户关系管理、内部控制与企业并购绩效测度综合评价——基于多元线性回归模型分析[J].管理评论,2021,33(8):256-262.

[89] 李茹,陈嘉茜,赵曙明,等.发展型人力资源管理感知对员工创造力的影响机制:社会信息加工理论视角[J].科技进步与对策,2024(8):1-9.

[90] 马纯.浅析我国企业体育营销策略[J].体育学刊,2010,17(9):123-125.

[91] 周庆功.体育营销策划论析[J].北京体育大学学报,2008(3):318-320.

[92] 薛晓媛.市场营销中影响体育消费者心理与行为的因素分析[J].生产力研究,2006(5):225-226+247.

[93] 王文龙.智慧化商业健身俱乐部对消费者价值共创行为影响研究[D].济南:山东大学,2023.

[94] 孙春兰.数字经济背景下企业品牌营销的有效策略研究[J].市场周刊,2024,37(21):96-99.

[95] 武承荣.市场营销中的品牌建设与维护策略[J].环渤海经济瞭望,2024(6):8-11.

[96] 彭苇.路跑赛事数字营销传播研究——以黔西南州2024万峰林马拉松赛为例[J].兴义民族师范学院学报,2024(3):27-32.

[97] 王永贵，王皓月，杨江琳，等．社交媒体营销研究与展望——基于 Web of Science 核心数据库和 CNKI 数据库的综合分析[J]．管理评论，2024（8）：1-15．

[98] 王姝．快时尚服装品牌海外社交媒体营销策略研究[J]．中国市场，2024（15）：123-126．

[99] 刘于思，杜璇．在"量化自我"与"质化自我"之间：智能可穿戴系统技术实践中的数据解读与互动[J]．湖南师范大学社会科学学报，2023，52（2）：123-133．

[100] 滕金生，张洲，王红丹．个人生理参数信息与健身器械互联互通技术需求与策略探讨[J]．重庆理工大学学报（自然科学），2021，35（9）：136-142．

[101] 党琳燕，赵广涛，张文芳．TOE 框架下全民健身治理中数据孤岛：表现、成因与矫正策略[J]．山东体育学院学报，2023，39（6）：38-46．

[102] 宋雅馨，余兰芳．元宇宙技术赋能全民健身的内在逻辑、风险及防控路径[J]．广州体育学院学报，2024，44（2）：110-119．

[103] 刘子涵．基于 VR 技术的运动健身游戏[J]．电子世界，2018（14）：130-131．

[104] 沙菲．新时期全民健身体育发展策略研究[J]．文体用品与科技，2022（15）：22-24．

[105] 梁超，宋振鹏，汤立许．数智赋能主动健康管理：实践样态、建构策略与驱动路径[J]．武汉体育学院学报，2024，58（4）：72-81．

[106] 王智慧．全民健身：建立在共同意识基础上的社会整合机制[J]．体育学研究，2022，36（6）：119．

[107] 周永康，马思奥，郭立亚．认同与承认：青年健身群体在网络社交平台的身体表达与互动[J]．首都体育学院学报，2023，35（4）：437-448．

[108] 李婷，国勇，许岩，等．多源流理论视角下我国全民健身与全民健康融合研究[J]．体育文化导刊，2024（7）：53-59．

[109] 薄腾飞，雷艳云．中国全民健身公共服务供给水平的区域差异及收敛性研究——基于更高水平的全民健身公共服务视角[J]．成都体育学

院学报，2024，50（2）：34-41.

[110] LIU Y，YANG R.Competing loyalty programs：Impact of market saturation，market share and category expandability[J].Journal of Marketing，2009，73（1）：93-108.

[111] 赵犇，马丽，万发同，等.高质量发展视角下我国传统健身俱乐部的困境探因与实施路径——基于全国部分大中城市的调研[J].山东体育学院学报，2021，37（4）：26-35.

[112] MAHAJAN V，SHARMA S，KERIN R A.Assessing market penetration opportunities and saturation P[J].Journal of Retailing，1988，64（3）：315.

[113] O'KELLY M.Retail market share and saturation[J].Journal of Retailing and Consumer Services，2001，8（1）：37-45.

[114] CATTANEO M，HORTA H，MALIGHETTI P，et al.The relationship between competition and programmatic diversification[J].Studies in Higher Education，2019，44（7）：1222-1240.

[115] BOWEN H P，WIERSEMA M F.Foreign-based competition and corporate diversification strategy[J].Strategic Management Journal，2005，26（12）：1153-1171.

[116] 庄巍.我国商业健身俱乐部发展路径探析——基于社会分层的视角[J].广州体育学院学报，2020，40（4）：34-37+75.

[117] KUMAR V，CHOI J W B，GREENE M.Synergistic effects of social media and traditional marketing on brand sales：Capturing the time-varying effects[J].Journal of the Academy of marketing Science，2017，45：268-288.

[118] HALLBERG G.All consumers are not created equal：The differential marketing strategy for brand loyalty and profits[M].John Wiley & Sons，1995.

[119] 张钊瑞，邹天然，肖淑红.价值链视角下中国健身俱乐部产业供应链现状与问题研究[J].西安体育学院学报，2019，36（5）：546-550.

[120] WEDEL M，ZHANG J.Analyzing brand competition across subcate-

gories[J]. Journal of marketing research, 2004, 41 (4): 448-456.

[121] DUBÊ J P, MANCHANDA P. Differences in dynamic brand competition across markets: An empirical analysis[J]. Marketing Science, 2005, 24 (1): 81-95.

[122] KURATA H, YAO D Q, LIU J J. Pricing policies under direct vs. indirect channel competition and national vs. store brand competition[J]. European Journal of Operational Research, 2007, 180 (1): 262-281.

[123] ÖZSOMER A. The interplay between global and local brands: A closer look at perceived brand globalness and local iconness[J]. Journal of International Marketing, 2012, 20 (2): 72-95.

[124] 程路明. 体育产业新政背景下健美健身产业的发展及路径选择[J]. 北京体育大学学报, 2017, 40 (7): 28-35.

[125] 陈长江. 消费社会学的视角下对商业健身俱乐部消费者研究[J]. 广州体育学院学报, 2015, 35 (1): 79-82+90.

[126] 王鹏, 黄谦, 杨梅花, 等. 文化价值观对健身休闲业消费者服务质量感知的影响[J]. 沈阳体育学院学报, 2019, 38 (5): 27-34.

[127] 夏寒池, 杨晨. 管理者过度自信、管理自主权与企业投资效率[J]. 科学学研究, 2024 (8): 1-20.

[128] 郭聪, 张瑞林. 优化与改革: 预付式消费视角下健身俱乐部商业模式的完善[J]. 武汉体育学院学报, 2021, 55 (06): 37-44+58.

[129] BURFORD L D. Project management for flat organizations: Cost effective steps to achieving successful results [M]. J. Ross Publishing, 2012.

[130] CHEN B, FAN C, CHEN X. A Study of College-Enterprise Co-Cultivation of Applied Innovative Talents [C] //2nd International Conference on Arts, Design and Contemporary Education. Atlantis Press, 2016: 1477-1479.

[131] EDHAH B S, ZAFAR A. Enterprise architecture: A tool for IS strategy formulation[J]. Int. J. Educ. Manag. Eng, 2016, 6 (2): 1423.